2分で 読解力ドリル

ちょっとやさしめ

西隈 俊哉・著

Gakken

は じ め に

私たちはなぜ「読む」ということをするのでしょうか?

決して、国語の授業やテストのためだけに読んでいるのではありません。

生活の中で、私たちは「読む」ということをしています。

例えば、スマートフォンの画面に、自分の好きな俳優が映画の主演に決まった、

というニュースが流れてきたとしましょう。

どんなストーリーなのか、いつ公開されるのか、いろいろ知りたいですよね。

詳しいことが書かれているとしたら、

ニュースの中の情報をきちんと読み取りたいと思うことでしょう。

また、私たちは、情報を手に入れるためだけではなく、

誰かほかの人に伝えるためにも「読む」ということをしています。

そのとき、間違った内容を伝えたとしたら、相手は困ってしまいますよね。

間違った内容を伝えないようにするためには、「正しく読む」ということが大事です。

そのためには、多種多様な文章を読むことによって、

文章の理解をスムーズにすることが必要です。

こうして身についた力が、「読解力」となります。

近頃、AI（人工知能）が文章を理解できるようになってきました。

しかし、読み誤りをする点もまだあり、人間を上回るところまでは来ていません。

だからといって、私たち人間が何もしないでいたら、

AIの持つ読解力に追い越されてしまうときが来るかもしれません。

こうした時代を生きるためにも、「読解力」を磨くことは大事です。

また、忘れてはいけないのは「文章を読むことだけが読解ではない」ということです。

案内文や地図、図表といった生活にあふれるモノから情報を手に入れるため、

誰かほかの人に伝えるために、「読む」ということをしているのです。

つまり、私たちは生きる上で、生活していく上で、「読解力」が必要なのです。

この本は、そういった「読解力」を身につけるためのドリルです。

「多種多様なものを多く読む」ということを目指すために、

「読解力」を5つの要素に分け、たくさんの問題を用意しました。

スムーズな理解を目指すために、2分という時間も設けました。

「読解力」はすべての人に必要な力なので、対象年齢を10歳〜120歳とし、

問題には小学4年生以上の配当漢字にルビを振っています。

すべての問題を解いた後は、きっと読解力がアップしていることでしょう。

西隈　俊哉

目次

第1章　基本読解

第2章　指示読解

読解力を5つの要素に分解！

読解力とは、与えられた文章から要点や書き手の意図などを読み取る力のことです。すべての基本となる能力といっても過言ではありません。この本では、読解力を5つの要素に分類しています。

- 基本読解（Basic） ………… 文章の本質をつかむ。
- 指示読解（Point） ………… 指示されている物事を理解する。
- 図表読解（Graphic） ………… 図や表などの意味を理解する。
- 論理読解（Logic） ………… 文章の筋道を理解する。
- 接続読解（Connection） ………… 言葉や文章を結び付ける。

それぞれの要素について、簡単に紹介しましょう。

TYPE
1 基本読解

→ ## 読み取る

読解では、文章や図表などを読み、内容をつかまなくてはなりません。文字通りに読むだけでなく、隠された本質を読むことが大切です。こうした力は、文章だけでなく、会話や芸術など、広く役立つ能力です。基本読解は、生きていくための基礎となる力なのです。

BASIC

指示 読解

→ ## 対応をつかむ

POINT

こ れ、それ、あれ…といった、前に出た内容を示すために使われる言葉は、指示語と呼ばれます。しかし、ときには、指示語がないにもかかわらず、何かを指していることもあるのです。指示読解は、言葉の対応関係を適切にとらえる力です。

図表 読解

→ ## 情報を抜き出す

GRAPHIC

図 や表は、多くの情報をわかりやすく整理するために使うものです。一見してわかった気になっても、よくよく見てみるとわからないということもあります。図表を正しく見つめ、意味を読み取っていく力が、図表読解です。

論理 読解

→ 筋道をたどる

論 理とは、文章や会話がたどっていく筋道のことです。この筋道をたどることで、正しく意味を理解したり、次の言葉を生み出したりすることができます。ですが、論理が複雑になると、筋道をたどることが難しくなります。こうした筋道を見極める力が、論理読解です。

LOGIC

接続 読解

→ 言葉をつなぐ

言 葉はほかの言葉と結び付くことで、意味を作り出します。読解とは、言葉と言葉の関係を解きほぐしていく作業ともいえるのです。この関係を読み間違えると、まったく意味が違ってしまうこともあるでしょう。接続読解は、言葉をつなぎ合わせていくための力です。

CONNECTION

1

BASIC

第1章 基本読解

文章の本質をつかむ

01 正解？ 不正解？

Q1　森林の伐採※は、生活に必要な木材を得るために古くから行われてきたが、選別して伐採する方法は、手間がかかり大変であるためなかなか定着しない。一方で、区別なく全部伐採する方法は、森林を守り育てるにはよくないことなのだが、手間がかからないため、現在でも続いている。

※　木を切りたおすこと。

問　上の文章の内容と一致するように、（　　）にあてはまるものをすべて選びなさい。

区別のない伐採方法は（　　）。

A　過去のものとなり、選別して行う方法が広がっている

B　いまでもなくなっていない

C　それをする人がいまでは少なくなった

Q2　テストのときに、「正しいものには○、間違っているものには×または✓をつける」というルールがありますね。これが台湾だと、正しいものには✓または×をつけ、間違っているものには○をつけるのだそうです。日本とは逆です。また欧米では、正しいものには✓をつけ、間違っているものには×をつけることが多いそうです。

問　上の文章の内容と一致する表を選びなさい。

A

	正しい	間違い
日本	○	×、✓
台湾	×、✓	○
欧米	✓	×

B

	正しい	間違い
日本	○、✓	×
台湾	×	○、✓
欧米	✓	×

C

	正しい	間違い
日本	○	×、✓
台湾	✓	○
欧米	×	✓

2分読んで、答えが決まったら次のページへ

Q1 答え B

「選別して伐採する方法」は「なかなか定着しない」のですから、 Ａ は「広がっている」という部分が一致しませんね。「区別なく全部伐採する方法」は「現在でも続いている」とあるので、 Ｂ の「いまでもなくなっていない」は、本文の内容と一致します。 Ｃ は、区別のない伐採をする人が少なくなったかどうかまで、本文からはわからないので、本文と一致するとはいえません。

Q2 答え A

最初の「正しいものには○、間違っているものには×または✓をつける」というやり方は、日本のことをいっています。これにあてはまるのは Ａ と Ｃ です。次に、「日本とは逆です」という部分に注目します。 Ａ と Ｃ のうち、日本と台湾が逆になっているのは Ａ だけですから、この時点で答えは Ａ にしぼられます。確認のため、欧米についても見てみましょう。「正しいものには✓をつけ、間違っているものには×をつける」とあるので、 Ａ が本文と一致することがわかります。

02 植物を育てるには？

Q1 「断腸の思い」という言葉は、「腸がちぎれるほどつらく、悲しい思い」というような意味で使います。この言葉は昔、ある人が子猿を捕まえたときの話から来ています。子猿が捕まえられたときに、その母猿が悲しさのあまりに死んでしまったそうです。あとでその母猿のおなかの中を見ると、はらわたがずたずたに断ち切れていたそうです。なんとも悲しいお話ですね。

問 「腸がちぎれる」ということを、別のいい方でどう表現しているか、正しいものを選びなさい。

Ⓐ 子猿を捕まえる

Ⓑ おなかの中を見る

Ⓒ はらわたが断ち切れる

Q2 植物が育つには、水、空気、適切な温度（20度〜30度くらい）、日光、肥料が必要です。発芽するには、水、空気、適切な温度が必要です。発芽にも日光が必要だと思っている人が多いようですが、意外なことに日光は不要なのです。

問 植物が育つためには必要でも、発芽には不要なものだけが並べられているものを選びなさい。

Ⓐ 日光、肥料

Ⓑ 空気、20度〜30度くらいの温度、肥料

Ⓒ 水、適切な温度、日光

2分読んで、答えが決まったら次のページへ

1章 基本読解　13

Q1　答え　C

　本文中の「腸がちぎれる」という部分に、それぞれの選択肢をあてはめてみます。 A は「子猿を捕まえる**ほどつらく、悲しい思い**」、 B は「おなかの中を見る**ほどつらく、悲しい思い**」となり、意味が通りません。 C は「はらわたが断ち切れる**ほどつらく、悲しい思い**」となり、これが正しいようです。「はらわた」は「腸」のことを表します。「断ち切れる」と「ちぎれる」が似た意味なのはわかりますね。

Q2　答え　A

　本文では、「**発芽するには、水、空気、適切な温度が必要**」と書かれています。問いは、「発芽には不要なもの」を聞いているので、「水、空気、適切な温度」のどれかが入っている選択肢は選べません。植物が育つために必要なものから、この3つを除けば、残るのは「日光、肥料」です。よって、正しいのは A です。後半の「**発芽にも日光が必要だと思っている人が多いようですが、意外なことに日光は不要なのです**」という文は、「日光が発芽に必要だと勘違いしている人が多い」ことを述べているのであり、「日光だけが不要」という意味ではありません。

03 　絵を見る

Q1　　数は、正の数と負の数と0に分けられる。正の数とは0よりも大きい数のことで、負の数とは0よりも小さい数のことである。負の数には、−の符号をつけて表す。なお、1、2、3…のような正の整数のことを「自然数」ということもある。

問　上の文章の内容と一致するものを、すべて選びなさい。

A　自然数とは、正の数のことである。

B　−0.7 は、正の数である。

C　0 は正の数にも、負の数にも含まれない。

Q2　　一枚の絵をじっと見る。遠くから見たときと、近くで見たときの雰囲気や印象の違いはどうだろうか。近くで見ると筆の跡など細かいところまで見えるので、画家の息づかいを感じることができるが、遠くから見ると細かい部分は見えなくなってしまう。しかし、全体の構図や人物と物の配置は、遠くから見たときのほうがよくわかる。絵には、近くで見るときは近くで見るときの、遠くから見るときは遠くから見るときの楽しみ方があるのだ。

問　上の文章の内容と一致するものを、すべて選びなさい。

A　絵を近くで見るときは、全体の構図や人物と物の配置は無視したほうがよい。

B　絵を近くから見ると、画家の息づかいを感じられる。

C　絵を楽しむためには、遠くから見たほうがよい。

2分読んで、答えが決まったら次のページへ

　「正の数」と「正の整数」の違いに注目しましょう。たとえば、0.5 などは正の数ですが、正の整数とはいえません。よって、正の整数を表す「自然数」も、「正の数」と同じものとはいえず、Ⓐ は本文と一致しません。Ⓑ の－0.7 は、「**負の数には、－の符号をつけて表す**」という説明から負の数とわかるため、一致しません。Ⓒ は、「**数は、正の数と負の数と 0 に分けられる**」とある通り、0 を「正の数」「負の数」とは別のものとして分けていることから、本文と一致します。

　Ⓐ は、本文に「**全体の構図や人物と物の配置は、遠くから見たときのほうがよくわかる**」とありますが、近くで見るときに「**無視したほうがいい**」とまではいっていません。Ⓑ については、「**近くで見ると筆の跡など細かいところまで見えるので、画家の息づかいを感じることができる**」とあり、本文と一致しています。〰〰線の部分は、画家の息づかいを感じられる理由です。Ⓒ について、本文では「近くと遠く、それぞれの楽しみ方があるので、どちらもよい」ということをいっています。「遠くから見たほうがよい」というのは本文の内容と一致しません。

04 エアコンを求めて

Q1　ドリームタウンは、Ａ市舞丘区舞丘１丁目にあって、舞部鉄道西舞丘駅の東側にある商業施設や公共施設、緑地公園などで構成される複合施設である。

問　上の文章の内容と一致しないものを、すべて選びなさい。

A ドリームタウンはＡ市にある複合施設である。

B ドリームタウンの中には商業施設がある。

C ドリームタウンは緑地公園の中にある商業施設である。

Q2　全社員の代表者によるエアコン設置の要求に対して、会社側からは何の回答もなかった。回答がないまま、時間だけが過ぎていった。

問　上の文章の内容と一致するように、(　　　)にあてはまるものをすべて選びなさい。
　　　会社側は社員に（　　　）。

A 回答をしていない

B 要求した

C エアコンを提供した

2分読んで、答えが決まったら次のページへ

Q1　答え　C

「**ドリームタウンは…**」で始まる文の述語は「**複合施設である**」です。それ以外の部分は、すべて説明です。**A**は「ドリームタウンは複合施設である」に、「A市にある」という場所についての説明が加わっているだけなので、内容が本文と一致しています。**B**は、本文に「**商業施設や公共施設、緑地公園などで構成される**」と書かれているので、これも内容が一致します。**C**について、本文に「ドリームタウンは緑地公園の中にある」とは書かれていませんね。ドリームタウンの中に商業施設も緑地公園もあるのです。よって、**C**は本文と一致しません。

Q2　答え　A

エアコン設置の要求をしたのは「**全社員の代表者**」です。それに対し、会社側からの「**回答がないまま**」と書いてあります。**A**については、会社側は社員に回答をしていないため、あてはまります。**B**については、エアコン設置を要求したのは、会社側ではないため、あてはまりません。**C**については、会社側からの回答がないことから、エアコンの提供はまだ行われていないことが読み取れるので、あてはまりません。

05 赤ずきんの赤ずきん

Q1 昨日立ち寄ったデパートのバーゲン会場で、秋冬物の服が驚くような低価格で売られていた。買い物客でごった返す会場。どれにしようかとゆっくり品選びをしたくても、気に入ったものはすぐにほかの人に買われてしまう。奪い合ってでも自分の欲しいものを買わなければならないという具合で、まさに<u>戦場</u>だった。

> **問** 「戦場」という言葉を使った理由として、正しいものを選びなさい。
>
> Ⓐ 人気の商品を驚くような低価格で売るほど、ほかのデパートとの競争が激しいから。
> Ⓑ 秋冬は戦いの季節だから。
> Ⓒ 商品を奪い合う様子が戦いと同じように感じられるから。

Q2 人であるのに、物の名前で呼ばれることがある。童話「赤ずきん」に出てくる女の子も、「赤ずきん」と呼ばれている。その女の子が「赤ずきん」と呼ばれるのは、おばあさんが作ってくれた赤いずきんがとてもよく似合い、いつもかぶっていたことに関係があるようだ。しかし、寝るときだけはそんな<u>赤ずきんも赤ずきんを取る</u>はずだ。

> **問** 「赤ずきんも赤ずきんを取る」について、正しいものを選びなさい。
>
> Ⓐ 前の「赤ずきん」はずきんのことで、あとの「赤ずきん」は女の子のことである。
> Ⓑ 前の「赤ずきん」は女の子のことで、あとの「赤ずきん」はずきんのことである。
> Ⓒ どちらの「赤ずきん」も女の子のことである。

2分読んで、答えが決まったら次のページへ

Q1　答え　C

　本文の「戦場」の直前に「奪い合ってでも自分の欲しいものを買わなければならないという具合」であることが書かれています。奪い合う様子を想像してみると、戦っている様子と似ていることがわかります。よって、正しいのは **C** です。 **A** の「ほかのデパートとの競争」や **B** の「秋冬は戦いの季節」などといった意味が読み取れるような箇所は、本文にはありません。

Q2　答え　B

　「赤ずきん」という言葉が、" 人 " の呼び名を表しているのか、頭にかぶる " 物 " を表しているのかが問われています。「赤ずきんも赤ずきんを取る」の┈┈線の部分の「赤ずきん」は、「赤ずきんを取る」と書かれているので、" 人 " ではなく " 物 " を表しています。一方、〰〰線の部分の「赤ずきん」のほうは、「取る」という動作の主語なので、" 人 " になります。よって、 **B** が正しい答えです。

06 茶の間って…？

Q1　「非難」という言葉を見て、ある人が「『難しくない』という意味ですね」と言った。「非」という漢字には、「悪く言う」という意味があり、「難」は「悪いところ」を表す。「誰かの悪い点を見つけて責める」というのが本当の意味なのだが、一方で「非」には「非常」「非売品」のように「〜ではない」という意味もある。また、「難」には「難しい」の意味がある。だから「難しくない」という意味だと間違えても不思議ではない。

問　「非難」の言葉の意味として、正しいものを選びなさい。

A　「非常」「非売品」のこと。
B　難しくないということ。
C　誰かの悪い点を見つけて責めること。

Q2　「茶の間」という言葉がある。住居の中で、家族が集まり、食事などの団らんをする部屋のことだ。現代では、キッチンの横のテーブルがある部屋で食事をすることが多い。加えて、団らんという光景も珍しくなってきた。

問　上の文章の内容と一致するように、（　　）にあてはまるものを選びなさい。
　　　茶の間とは、（　　）のことだ。

A　家族が集まり、食事などをする部屋
B　キッチンの横のテーブルがある部屋
C　団らんという珍しい光景が見られる部屋

2分読んで、答えが決まったら次のページへ

Q1　答え　C

　本文に「『誰かの悪い点を見つけて責める』というのが本当の意味」と書いてあります。ある人が言った「『難しくない』という意味」に対して、本文では「**本当の意味**」を説明しているので、Ｂ の「難しくない」は間違いです。「非難」の意味として正しいのは Ｃ の「誰かの悪い点を見つけて責める」ですね。Ａ は、「非」の意味が「～ではない」ということを表す言葉の例として挙げられたものなので、「非難」の意味とは関係ありません。

Q2　答え　A

　「**住居の中で、家族が集まり、食事などの団らんをする部屋のことだ**」という文が「茶の間」についての説明なので、この部分を読み解けば、Ａ があてはまるとわかります。「**現代では**」から始まる文以降は、茶の間そのものの説明ではないことに注意しましょう。

07 いちばんおもしろい人

Q1 うちのクラスで東山さんほどおもしろい人はいない。隣のクラスでは内田さんがいちばんおもしろいが、やっぱり東山さんにはかなわない。そのくらい彼女はおもしろい人なのだ。

問　上の文章の内容と一致するものを、すべて選びなさい。

A ２つのクラスの中では東山さんがいちばんおもしろい人だと筆者は思っている。

B ２つのクラスの中では内田さんがいちばんおもしろい人だと筆者は思っている。

C 筆者のいるクラスで最もおもしろいのは東山さんだと筆者は思っている。

Q2 地球上の水の97％は海を中心とする塩水で、淡水※は残りの３％です。生き物が生きるためには水が必要なのですが、陸上で生活する生き物にとって、直接必要なのは淡水のほうです。なぜなら、多くの生き物が、塩水をそのまま体内にとり込むことができないからです。しかし、淡水のうちの３分の２強は氷河と北極・南極の氷です。つまり、陸上で生活する生き物がそのまま利用できる水は、地球上にある水の１％未満でしかないのです。　　　　　　　　　※　塩分をほとんど含まない水。

問　上の文章の内容と一致するものを、すべて選びなさい。

A 地球上にある水の97％は塩水と淡水である。

B 氷河と北極・南極の氷を合わせると、地球上の水の３分の２以上の割合になる。

C 地球上にある水のうち、陸上の生物がそのまま利用できる水は１％よりも少ない。

2分読んで、答えが決まったら次のページへ

Q1　答え　Ⓐ・Ⓒ

「**隣のクラスでは内田さんがいちばんおもしろい**」けれども、「**東山さんにはかなわない**」というのがこの文章のポイントです。つまり、「東山さんは内田さんよりもおもしろい」ということです。東山さんは、自分のクラスでいちばんおもしろくて、隣のクラスでいちばんおもしろい内田さんよりもおもしろい、ということなので、本文と一致するのは Ⓐ と Ⓒ です。

Q2　答え　Ⓒ

最初に「**地球上の水の 97％は海を中心とする塩水で、淡水は残りの 3 ％**」とあります。地球上の水の「97％が塩水」、「3 ％が淡水」ということですから、Ⓐ は一致しません。次に「**淡水のうちの 3 分の 2 強は氷河と北極・南極の氷**」に注目します。淡水は地球上の水の 3 ％で、北極と南極の氷はそのうちの 3 分の 2 強のため、地球上の水の 2 ％強しかないことがわかります（「強」は、少し多いことを表しています）。そのため、Ⓑ の「地球上の水の 3 分の 2 以上」にはなりません。Ⓒ は、本文に「**陸上で生活する生き物がそのまま利用できる水は、地球上にある水の 1 ％未満**」とあります。「1 ％未満」と「1 ％よりも少ない」はほぼ同じ意味なので、Ⓒ は一致します。

08 | 光は速い

目標時間

Q1　　　光は 1 秒間に 299792458 メートル進みます。単位をキロメートルに直すと、299792.458 キロメートルで、約 30 万キロメートルです。これは地球を 7 周半した距離とだいたい同じです。また、1 光年は、光が 1 年間に進む距離のことで、宇宙での距離を表すのに使われます。なぜなら、宇宙はとても広いため、キロメートルの単位では表しにくいからです。

問　上の文章の内容と一致するものを、すべて選びなさい。

Ⓐ　光が 1 秒間に進む距離はキロメートルでは表せない。
Ⓑ　1 光年は光が消えずに進むことのできる年数のことである。
Ⓒ　地球 7 周半の距離を光はおおよそ 1 秒で進む。

Q2　　　ある人が持っていたカバンが開いていた。「カバンが開いているよ」と教えてあげてもいいのに、誰も教えてあげない。周りの人は冷たい人ばかりだった。私も声をかければよかったのだが…。

問　「カバンが開いているよ」と教えようと思えばできた人を、すべて選びなさい。

Ⓐ　開いたカバンを持っていた人
Ⓑ　周りの人
Ⓒ　私

> 2 分読んで、答えが決まったら次のページへ

Q1 　答え　Ⓒ

Ⓐについて、「光は1秒間に299792458メートル進みます」とあり、その次の文で単位をメートルからキロメートルに直しています。だから、Ⓐは本文と一致しないとわかります。Ⓑについて、「1光年は、光が1年間に進む距離のことで」とあるので、Ⓑも一致しません。Ⓒについては、光が1秒間に進む距離と地球を7周半した距離とが「だいたい同じ」ということが書かれていることから、本文と一致することがわかります。

Q2 　答え　Ⓑ・Ⓒ

「開いたカバンを持っていた人」自身は、開いていることに気づけていないのですから、Ⓐは変だとわかります。「開いているよ」と教えてあげられるのは「周りの人」です。よって、Ⓑは正しいとわかります。また、「私も声をかければよかったのだが」という部分は、「私」も教えてあげることができたのに、教えなかったことを意味しています。このことから、Ⓒも正解となります。

09 雨上がりに

Q1　将来の進路のことについて悩んでいる 21 歳の妹は、お茶を飲みながらスマートフォンを見ている社会人の姉に、「お姉ちゃん、将来のことでちょっと相談に乗ってほしいんだけど、時間ある？」と話しかけた。

問	上の文章の内容と一致するものを、すべて選びなさい。

A　妹はお茶を飲んでいた。

B　妹は姉に話しかけた。

C　妹は 21 歳の姉に相談をもちかけた。

Q2　雨上がりの公園に兄弟がいた。兄は、泥だらけになって遊んでいる弟の手をつかんだ。兄も弟も笑顔だった。

問	上の文章の内容と一致するものを、すべて選びなさい。

A　弟が公園にいるとき、雨が降った。

B　弟は泥だらけになった。

C　弟が兄の手をつかんだ。

2 分読んで、答えが決まったら次のページへ

Q1　答え　B

　 Ⓐ の「お茶を飲んでいた」のは姉ですね。 Ⓒ については、「21歳の妹」が「社会人の姉」に「相談に乗ってほしい」と言っています。21歳なのは妹のほうなので、Ⓒ は本文と一致しません。この文の骨組みを見ると、「〜している妹は〜している姉に…と話しかけた」となります。この骨組みを理解できれば、本文と一致するのは Ⓑ ということがわかります。

Q2　答え　B

　 Ⓐ については、「雨上がりの公園に兄弟がいた」とあるので、本文は雨が上がったあとの光景であることが読み取れます。よって、 Ⓐ は本文と一致しません。 Ⓑ については、「泥だらけになって遊んでいる弟」と書いてあることから、本文と内容が一致していることがわかります。 Ⓒ については、本文に「兄は…弟の手をつかんだ」と書いてあることから、「弟が兄の手をつかんだ」というのは一致しません。

10 親しくない人

Q1

「一般的に、子どもに対する親の愛情はいつの時代も変わらないものだ」と山田さんが言っていた。本当なのだろうか。山田さんの世代がそう思っているのだとしたら、山田さんの子どもの世代も、同じように思っているのだろうか。

問 上の文章の内容と一致するものを、すべて選びなさい。

A 山田さんは、親から子どもへの愛情はどの時代も変わらないと言っている。
B 山田さんは、山田さんの子どもの世代への愛情が大事だと言っている。
C 山田さんは、どの世代も同じ考えをもっていると言っている。

Q2

親しくない人との会話は、親しい人とのそれに比べ、話題を見つけるのが大変なので、避けたいと思う人が多いのではないか。

問 上の文の内容と一致するものを、すべて選びなさい。

A 親しい人は、親しくない人を避けたいと思うものだ。
B 話題を見つけるのが大変なのは、親しい人との会話だ。
C 親しくない人との会話を避けたいと思う人は多いだろう。

2分読んで、答えが決まったら次のページへ

Q1　答え　A

　本文の「　」内は山田さんの言葉です。そのことが理解できれば、Ａは本文と一致しているとわかります。一方で、山田さんの言葉は、「山田さんの子どもの世代への愛情」に限って述べられたものではないので、Ｂは本文と一致しないことがわかります。また、Ｃの「どの世代も同じ考えをもっている」という内容は、子どもに対する親の愛情という話からはずれているので、本文と一致しません。

Q2　答え　C

　最後の「避けたいと思う」というのは「会話」のことですね。この文では「会話」の相手として2つが挙げられています。1つが「親しくない人」で、もう1つが「親しい人」です。そして、「親しい人との会話」と比べて、「親しくない人との会話」がどうであるかを述べています。文の終わりに注目すれば、本文と一致するのはＣだとわかります。

11 楽器の分け方

Q1 　楽器は、弦楽器、管楽器、打楽器の３つに分けることができる。弦楽器は、弦と呼ばれる糸のような部分をたたいたり、弓でこすったりすることで音を出すものである。たたいて音を出すものの代表はピアノで、こすって音を出すものの代表はバイオリンである。このような弦楽器に対し、管楽器は、管のような形をした部分に空気を送り込んで音を出すものであり、材質によって金管楽器と木管楽器に分けることができる。最後の打楽器は、手または道具でたたいて音を出すものをいう。ただし、ピアノもたたいて音を出すが、打楽器には含まれない。

問 　上の文章の内容と一致するものを、すべて選びなさい。

A 　バイオリンは弦楽器である。

B 　打楽器は、材質によって金管楽器、木管楽器に分けることができる。

C 　ピアノは弦楽器でもあるし、打楽器でもある。

２分読んで、答えが決まったら次のページへ

この文章の内容を簡単にまとめると、次のようになります。

楽器
　├── 弦楽器 ──┬── たたいて音を出す ──── ピアノ
　│　　　　　　└── こすって音を出す ──── バイオリン
　├── 管楽器 ──┬── 金管楽器
　│　　　　　　└── 木管楽器
　└── 打楽器

　バイオリンは弦楽器なので、Ⓐは本文と一致します。Ⓑの金管楽器と木管楽器は、打楽器ではなく管楽器に分類されます。また、Ⓒのピアノは本文に「**打楽器には含まれない**」と書いてあります。

12 ランチは何にする？

Q1

★ランチメニュー　11：30 〜 13：30　　　　　すべて税込み価格

本日のランチ ·· 600 円
しょうが焼きランチ ····································· 700 円
ハンバーグランチ ·· 900 円
洋食スペシャルランチ（ドリンクつき）············ 980 円

本日のデザート ··· 200 円
ドリンク ··· 100 円
　　コーヒー（ホット・アイス）、紅茶（ホット・アイス）、
　　コーラ、オレンジジュース

※本日のランチとデザートの内容は店員におたずねください。
※ドリンクと本日のデザートだけの注文はできません。

問　上のランチメニューについて、正しいものをすべて選びなさい。

A　本日のランチに本日のデザートと紅茶をつけても、洋食スペシャルランチより安い。
B　300 円支払えば、ドリンクと本日のデザートのみを注文することができる。
C　900 円以内で本日のデザートを食べるには、本日のランチを注文するしかない。

2 分読んで、答えが決まったら次のページへ

Q1　答え　A

　メニュー表を見ながら計算してみましょう。 A について、本日のランチに本日のデザートと紅茶をつけると、600円＋200円＋100円＝900円になります。洋食スペシャルランチは980円と書いてあるので、 A は正しいとわかります。 B については、ドリンクと本日のデザートの合計額は300円なのですが、下のほうの注意書きに「**ドリンクと本日のデザートだけの注文はできません**」と書いてあります。よって、 B の注文はできません。 C について、「900円以内で本日のデザートを食べる」には、900円－200円＝700円以下のランチを選ばなくてはいけません。本日のランチ以外に、しょうが焼きランチもこの条件にあてはまるので、 C は正しくありません。

13 音楽会

Q1

♫秋の小さな音楽会♫

20ＸＸ年 11 月 1 日（日）
午前の部　10：30 ～（開場 10：15）
午後の部　14：00 ～（開場 13：45）
音楽会の時間は、それぞれ約 90 分です。

場所：棚倉市民会館小ホール
入場料：1000 円（小中学生無料、高校生半額）
演奏：棚倉市民オーケストラ

途中、オーケストラのメンバーの演奏に合わせて、参加者全員が歌を歌う時間があります。誰でも歌える簡単な歌です。元気よく歌って、楽しい秋のひとときを♪

問　上の音楽会のお知らせの内容と一致するものを、すべて選びなさい。

Ⓐ 午前の部は 12 時 45 分ごろに終わる。
Ⓑ 大人 1 人と高校生 1 人とで行くと、1500 円の入場料が必要である。
Ⓒ 音楽を聴くだけでなく、参加者全員で歌を歌う時間がある。

2 分読んで、答えが決まったら次のページへ

答え B・C

A について、午前の部は 10 時 30 分から始まり、「**音楽会の時間は、それぞれ約 90 分です**」と書いてあるので、終わる時刻は 12 時ごろとなります。よって、A は内容が一致しません。B については、入場料のところをよく見ると「**高校生半額**」と書いてあります。大人 1 人と高校生 1 人とでは、大人 1 人分の 1000 円とその半額の 500 円、計 1500 円が必要なため、B は内容が一致しています。また、C については、お知らせの最後のほうに、「**参加者全員が歌を歌う時間があります**」とあるため、内容が一致しています。

14 いいにおい？

Q1 　香水を作る会社や、デオドラント※を作る会社には、「これはいいにおい」、「これはいやなにおい」などという感じで、においを判断する仕事をする人がいます。におい判定士、またはにおい鑑定人といえばよいのでしょうか。彼らは、製品研究のために毎日においをかぎ分けているのです。においを分析することは彼らの仕事の一つにすぎませんが、嗅覚を生かすことができるユニークな仕事です。鼻に自信のある人は、このような会社に就職してみてはどうですか。

※　体のいやなにおいを防いだり取り除いたりするもの。

問　上の文章の内容と一致しないものを、すべて選びなさい。

A　におい鑑定人という国が認めた資格がある。

B　におい鑑定の仕事は製品研究のために行う。

C　香水を作る会社では、においを分析することが仕事の中心である。

2分読んで、答えが決まったら次のページへ

Q1　答え　A・C

　A について、本文では「におい判定士、またはにおい鑑定人」がどのようにして認定されるのかについては触れていないので、内容と一致しません。 B については、「製品研究のために毎日においをかぎ分けている」とあることから、本文と一致します。 C については、「においを分析することは彼らの仕事の一つにすぎません」とあるように、「分析することが仕事の中心」というわけではないので、本文と一致しません。

15 指揮者
しきしゃ

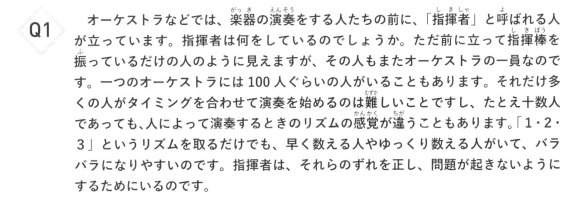

Q1　　オーケストラなどでは、楽器の演奏をする人たちの前に、「指揮者」と呼ばれる人が立っています。指揮者は何をしているのでしょうか。ただ前に立って指揮棒を振っているだけの人のように見えますが、その人もまたオーケストラの一員なのです。一つのオーケストラには 100 人ぐらいの人がいることもあります。それだけ多くの人がタイミングを合わせて演奏を始めるのは難しいことですし、たとえ十数人であっても、人によって演奏するときのリズムの感覚が違うこともあります。「1・2・3」というリズムを取るだけでも、早く数える人やゆっくり数える人がいて、バラバラになりやすいのです。指揮者は、それらのずれを正し、問題が起きないようにするためにいるのです。

問　上の文章の内容と一致するものを、すべて選びなさい。
　　　　　　　　ないよう　いっち　　　　　　　　えら

A　指揮者はオーケストラの一員である。

B　タイミングを合わせて演奏するのは、十数人であれば難しくない。

C　指揮者は、演奏者のリズムのずれを正す。

2分読んで、答えが決まったら次のページへ

Q1　答え　Ⓐ・Ⓒ

　本文には「**多くの人がタイミングを合わせて演奏（えんそう）を始めるのは難（むずか）しい**」とあり、そのためにいる人として、指揮者（しきしゃ）のことが書かれています。 Ⓐ については、本文に「**その人もまたオーケストラの一員**」であると書かれており、「**その人**」が指揮者であることが読み取れれば、本文と一致（いっち）することがわかります。 Ⓑ については、本文の「**たとえ十数人であっても…**」の部分に注目しましょう。ここで書かれている内容（ないよう）と一致しないため、 Ⓑ は選（えら）べません。 Ⓒ については、本文の最後（さいご）に「**指揮者は、それらのずれを正し**」とあるため、内容が一致しています。

2

POINT

第2章 指示読解

指示されて
いる物事を
理解する

01 うるさい音

Q1

「あの音、なんとかならないのかなあ」「朝から晩までずーっと工事をやっているんだから」「もう少し静かにやってくれたらなあ」とぼやいている2人の声も、なかなかうるさい。

> **問** 「あの音」が指すこととして、正しいものを選びなさい。

Ⓐ 工事の音
Ⓑ ぼやいている人の声
Ⓒ この文章だけではわからない何らかの音

Q2

うそなのか本当なのかわからない話をする人がいる。そういった人はたいてい証拠も何も示さずに適当な言い方で話すし、あたかも自分がそれをいちばんよく知っているかのような顔をしながら話す。だから私は、そういう人の話は聞かないことにしている。

> **問** 上の文章の内容と一致するように、（　　）にあてはまるものをすべて選びなさい。
>
> 　　　私は（　　）ことにしている。

Ⓐ 証拠も何もない適当な話は聞く
Ⓑ 自分がいちばんよく知っている話をする
Ⓒ うそか本当かわからない話をする人の話は聞かない

2分読んで、答えが決まったら次のページへ

Q1　答え　Ⓐ

　２人が話している部分を見ると、「**なんとかならないのかなあ**」「**もう少し静かに やってくれたらなあ**」とあり、不満の気持ちが読み取れます。その間に「**朝から晩 までずーっと工事をやっているんだから**」とあるため、これが音の原因だとわかり ます。ここから、正しい答えは Ⓐ となります。

. . . .

Q2　答え　Ⓒ

　「話」という言葉や「話す」という動作に着目してみましょう。 Ⓐ については、 本文に「**証拠も何も示さずに適当な言い方で話す**」とあり、「**そういう人の話は聞 かないことにしている**」とあるのであてはまりません。 Ⓑ については、本文では 筆者（自分）がどのように話すかについては触れていないので、内容と一致しませ ん。 Ⓒ は、「**うそか本当かわからない話をする人の話は聞かないことにしている**」 となり、本文の内容と一致しています。

02 天使のはしご

Q1 　天使のはしごを見たことがありますか？　雲の間から太陽の光がもれて、幅をもった光の直線が見えることがあります。これが天使のはしごです。地上から天にかかる光のはしごのように見えることから、こう呼ぶのでしょう。階段のようにも見えることから「天使の階段」と呼ぶ人もいます。

> **問** 上の文章の内容と一致するように、（　　）にあてはまるものをすべて選びなさい。
> 　　　天使のはしごは（　　）。

- Ⓐ 光の直線のことである
- Ⓑ 雲の間のことである
- Ⓒ 天使の階段と呼ばれることもある

Q2 　彼の言ったことがあまりにも急なことだったので、私は困った顔をした。すると彼は「あ、ごめん。いま僕が言ったことで何かいやな思いをした？　もしそうだったらごめんね」と言った。

> **問** 「そうだったら」の「そう」が指すこととして、正しいものを選びなさい。

- Ⓐ 急なことを言ったこと
- Ⓑ 彼が言ったことでいやな思いをしたこと
- Ⓒ 彼が私に怒ったこと

2分読んで、答えが決まったら次のページへ

Q1 答え Ⓐ・Ⓒ

Ⓐ について、「雲の間から…」の文は、天使のはしごがどのようなものかを説明（せつめい）しています。そのなかで「光の直線」とあるので、Ⓐ はあてはまると判断（はんだん）できます。同じ文から、Ⓑ があてはまらないこともわかりますね。Ⓒ については、「『**天使の階段**（かいだん）』**と呼（よ）ぶ人もいます**」とあることから、あてはまることがわかります。

Q2 答え Ⓑ

「**そうだったら**」は「彼（かれ）」の言葉なので、彼の言っていることに注目します。その前の部分を見ると、彼は「**いま僕（ぼく）が言ったことで何かいやな思いをした？**」とたずねています。これを表しているのは Ⓑ です。Ⓐ の「急なこと」は、彼の言ったことに対して「私（わたし）」が感じたことですし、Ⓒ の「彼が私に怒（おこ）った」というのも、本文の内容（ないよう）とはずれていますね。

03 電子レンジ

Q1　上司など、目上の人にメールをすることは、いくつかの注意点を守ればそれほど難しいものではない。書き方が決まっているので、そのルールを覚えてしまえばいいのだ。しかし、SNSなどでの仲間どうしのコミュニケーションに慣れている若者にとって、<u>それ</u>は難しく、戸惑うことも多いのかもしれない。

> **問**　「<u>それ</u>」が指すこととして、正しいものをすべて選びなさい。
>
> Ⓐ　上司にメールをすること
> Ⓑ　書き方が決まっていること
> Ⓒ　SNS上でのコミュニケーション

Q2　毎日の生活に欠かせない電子レンジ。冷めてしまった食べ物を再び温めたり、買ってきたお弁当を温めたり、冷凍食品を温めて食べたりするなど、使い方はさまざまです。日本語では、電子レンジで温めることを「チンする」ということがあります。<u>これ</u>は、昔の電子レンジの加熱終了時に出る音が「チン」または「チーン」だったことに由来しています。

> **問**　「<u>これ</u>」が指すこととして、正しいものをすべて選びなさい。
>
> Ⓐ　電子レンジが毎日の生活に欠かせないこと
> Ⓑ　電子レンジで温めることを「チンする」ということ
> Ⓒ　加熱終了時に出る音が「チン」または「チーン」だったこと

2分読んで、答えが決まったら次のページへ

Q1　答え　Ⓐ

「**それ**」が含まれる文は、「SNS などでのコミュニケーション」と「**それ**」を対比させています。SNS などのコミュニケーションと比べられているのは、「**目上の人にメールをすること**」です。本来難しくないはずなのに、SNS のようには慣れていないため、若者が難しさを感じているのです。これが読み取れれば、Ⓐが正しいことはわかります。Ⓑの「書き方が決まっている」というのは、メールが難しくないことの理由ですから、「**それ**」が指すものとしては正しくありません。Ⓒは、「**それ**」と比べられているものなので、これも誤りです。

Q2　答え　Ⓑ

「**これは…**」で始まる文は、由来について説明しています。何の由来に関する説明か、直前の文から読み取りましょう。「**電子レンジで温めることを『チンする』ということがあります**」と書かれていますね。「**これは…**」の文は、「チンする」という言葉の由来を説明しているのです。これを踏まえれば、Ⓑが正しいとわかります。Ⓐは由来には関係のない内容ですし、Ⓒは由来についての説明と重なってしまっています。

ニャーン

ネコ飼ってたっけ？

これ、ウチの電子レンジの音

04 おいしい食べ方

 Q1 本製品をお買い上げいただき、誠にありがとうございます。本製品は室温で溶けるおそれがあるため、冷蔵庫での保存をおすすめいたします。ただし、お召し上がりの際は一度冷蔵庫から出して、5分程度そのままお待ちください。そうしますと、本製品の豊かな風味が広がり、いっそうおいしく味わっていただくことができます。

> 問 「そうしますと」の「そう」が指すこととして、正しいものをすべて選びなさい。
>
> Ⓐ この製品を冷蔵庫で保存すること
> Ⓑ 本製品の豊かな風味を味わうこと
> Ⓒ この製品を食べる前に、冷蔵庫から出して5分程度待つこと

 Q2 横に座っていた2人の高校生が急に大声で笑い出したので、タケシは驚いて肩をびくっとさせた。近くにいたスーツ姿の男性が、「すみません。もう少しだけ声を落として話していただけますか」とやわらかい口調で言うと、高校生は「あっ、ごめんなさい」と謝り、すぐに声を落とした。「ああいう注意の仕方もあるのだなあ」とタケシは思った。

> 問 上の文章の内容と一致するように、（　　）にあてはまるものをすべて選びなさい。
> 　　タケシは（　　）している。
>
> Ⓐ 高校生に感心
> Ⓑ スーツ姿の男性に感心
> Ⓒ 大声で笑っていた高校生に注意

2分読んで、答えが決まったら次のページへ

Q1 答え C

「そうしますと…」の文では、「そう」することによって、「**いっそうおいしく味わっていただくことができます**」と説明しています。では、おいしく食べるためには何をすればいいのでしょうか。「**そうしますと**」の前の文に「**一度冷蔵庫から出して、5分程度そのままお待ちください**」とあります。これと内容が一致するのは C です。A と B は、いっそうおいしく味わうためにすることとはいえませんね。

. . . .

Q2 答え B

「**『ああいう注意の仕方もあるのだなあ』とタケシは思った**」という部分に注目しましょう。「注意の仕方」に「感心」しているタケシの気持ちが表れています。この「注意」をしたのは、スーツ姿の男性ですから、正しいのは B のみとなります。

スイーツだと思うでしょ？
実は もずく酢

05 子育ては大変

Q1 車道にある横型の信号機は、左から青、黄、赤の順になっています。この順番にすると、赤が道路の中央にくるからです。「止まれ」を示す赤はいちばん重要な色なので、すぐに気づけるようにしているのです。街路樹があっても、中央にあればドライバーも歩行者も<u>早く気づくことができます</u>。縦型の信号機では、上から赤、黄、青の順になっていますが、これも赤をいちばん高い位置に置き、目立たせるためです。

> **問** 「<u>早く気づくことができます</u>」とは、何に気づくことができるのか、正しいものをすべて選びなさい。
>
> Ⓐ 青色の信号
> Ⓑ 黄色の信号
> Ⓒ 赤色の信号

Q2 野生の生物は子育てをするとき、敵に襲われないようさまざまな工夫をする。たとえばクロイシモチという魚はメスが産卵すると、オスがその卵を口の中に入れてしまう。そして、卵がふ化※したあともしばらくは、生まれた魚を口の中に入れたまま育てるのである。なおその間、オスのクロイシモチは何も食べないそうだ。　　　　　※ 卵がかえること。

> **問** 上の文章の内容と一致するように、（　　）にあてはまるものをすべて選びなさい。
>
> 　　クロイシモチのオスは、（　　）。
>
> Ⓐ 自身が敵に襲われないように、何も食べない
> Ⓑ 子育ての工夫として卵を口の中に入れる
> Ⓒ メスが卵を産んだあと、しばらくの間は何も食べない

2分読んで、答えが決まったら次のページへ

Q1 答え Ⓒ

「**早く気づくことができます**」というのが、信号機全体を指しているのであれば、Ⓐ、Ⓑ、Ⓒすべてが正解になりますが、この問いではどうでしょう。本文は、「**赤はいちばん重要な色**」なので、信号機の順番は「**赤が道路の中央にくる**」ような配置になっている、ということを説明した文章です。「**早く気づくことができます**」の前に「**中央にあれば**」とあるので、ここでも赤信号だけの話をしていることがわかります。よって、正しいのはⒸのみとなります。

Q2 答え Ⓑ・Ⓒ

最初に、「**子育てをするとき、敵に襲われないようさまざまな工夫をする**」とあり、そのあとにクロイシモチが口の中で子育てをするということが書いてあります。本文で説明しているクロイシモチの工夫は、子育てをするときの工夫です。自身を守るための工夫ではないので、Ⓐはあてはまらず、Ⓑはあてはまります。Ⓒについては、本文に「**その間、オスのクロイシモチは何も食べないそうだ**」とあります。「**その間**」というのは、口の中で子育てをしている期間のことであり、「メスが卵を産んだあと、しばらくの間」ともいえるので、Ⓒはあてはまります。

はらへった〜

Q1　彼はいつも自信満々の顔つきをしているが、勉強しているようにはまったく見えない。実際、先生にあてられて答えを間違えることも多かった。だから、彼があの名門高校の入学試験に合格するはずなんかないと、みんなが思っていたのだが、結果はそれに反するものであった。彼なりにコツコツと勉強していたのだろう。

> 問　上の文章の内容と一致するように、(　　)にあてはまるものをすべて選びなさい。
>
> 　　彼は（　　　　）である。

Ⓐ　いつも自信満々の顔つきをしている人
Ⓑ　いつ先生にあてられても答えを間違えない人
Ⓒ　名門高校の入学試験に合格した人

Q2　あくびが出る理由については、まだよくわかっていないことも多く、さまざまな研究者がさまざまな説を述べている。そのなかから一つ、おもしろいものを紹介しよう。「あくびは目を覚まそうとしているときに出る」という説である。朝起きてすぐのときに出るあくびは、脳に「起きなさい」という命令を出しているのだそうだ。「あくびは眠いから出る」のだとばかり思っていたので、この説は意外だった。

> 問　「そのなか」の「その」が指すこととして、正しいものをすべて選びなさい。

Ⓐ　あくび
Ⓑ　さまざまな説
Ⓒ　さまざまな研究者

2分読んで、答えが決まったら次のページへ

Q1 答え Ⓐ・Ⓒ

Ⓐ については、冒頭に書かれています。Ⓑ については、「**先生にあてられて答えを間違えることも多かった**」とあり、あてはまりません。Ⓒ については「**結果はそれに反するものであった**」という部分に注目します。「**それ**」とは、みんなが思っていた「**名門高校の入学試験に合格するはずなんかない**」という予想です。結果が予想に反したのであれば合格したことになるので、Ⓒ も正しいといえます。

Q2 答え Ⓑ

「**そのなかから一つ、おもしろいものを紹介しよう**」と書いてあり、続いて「『**あくびは目を覚まそうとしているときに出る**』という説である」と紹介されています。この文章は、あくびに関するいくつかある説のなかの一つに注目した内容であることが読み取れますね。よって、正しいのは Ⓑ となります。Ⓐ は、「あくび」にいくつかの種類があるという内容ではないので、正しくありません。Ⓒ の「さまざまな研究者」は、説を述べている人たちです。これが正しいのだとしたら、続く文に研究者の話が出てくるはずですから、Ⓒ も違います。

あくびが出るのは、私が魔法をかけてるから

次は3丁目の山本さん

スゲー！

ウソだよ

07 リンさんがしたこと

Q1 　道路を通る車の量や道を歩く人の数を調べるという仕事をすることになった。交通量の多い交差点などに座って、通りすぎる人や車を数える、あの仕事だ。どこで調べるのかを聞いたら「港町公園の隣の交差点です」と言われた。「ん？　そんな公園あったかな？」と心の中でつぶやいた。聞いたことのない場所だったからだ。詳しく聞いてみると、港町公園とは子どものとき「海の近くの公園」と呼んでいたところだった。あそこは、そんな名前だったのか。

> **問** 上の文章の内容と一致するように、（　　　）にあてはまるものをすべて選びなさい。
> 　　仕事をする場所は（　　　）である。

Ⓐ 港町公園
Ⓑ 交差点
Ⓒ 「海の近くの公園」と呼んでいたところ

Q2 　リンさんはお父さんとお母さん、お姉さんと遊園地に行き、いろいろな乗り物に乗りました。帰りの車の中で、お姉さんはリンさんが寝ていることに気づき、お母さんに伝えました。すると、お母さんは「そのまま寝かせておいてあげて」と言いました。

> **問** 上の文章の内容と一致するように、（　　　）にあてはまるものをすべて選びなさい。
> 　　リンさんは（　　　）。

Ⓐ 遊園地に行った
Ⓑ お姉さんが寝ていたことを伝えた
Ⓒ 車の中で眠った

2分読んで、答えが決まったら次のページへ

Q1 答え Ⓑ

本文に「どこで調べるのかを聞いたら『港町公園の隣の交差点です』と言われた」とあるように、仕事をする場所は「交差点」です。よって、Ⓑ があてはまります。ⒶとⒸは、仕事をする交差点の目印になっている場所であり、仕事をする場所ではありません。本文は「公園」について詳しく書かれていますが、ポイントとなる点を読み飛ばさないように注意しましょう。

. . . .

Q2 答え Ⓐ・Ⓒ

Ⓐ は、本文の冒頭に「**リンさんは…遊園地に行き**」とあるので、あてはまります。Ⓑ については、2文目をしっかり読みましょう。寝ていたのはリンさんで、お姉さんがそれをお母さんに伝えた、ということを正しく読み取れれば、あてはまらないことがわかります。Ⓒ については、同じ文のはじめに「**帰りの車の中で**」とあり、あてはまることがわかります。

Q1　劇団員の採用試験を行った。まず、背の高い男が入ってきて、指笛を聞かせてくれた。普通の指笛だった。次に、眼鏡をかけた男が入ってきて、自信ありげに早口言葉をたくさん披露※してくれた。たしかに上手だったが、その程度ならほかの人でもできると思った。最後に入ってきた男は、見た目は特に特徴がなく、弱々しい印象だったが、木彫りが趣味ということで、いままでに作った物の写真を見せてくれた。その木彫りの技術の細かさには圧倒された。結局、２人を劇団員として採用した。その２人は「指笛」「木彫り」というあだ名で呼ばれている。

※　周りに発表すること。

問　上の文章から読み取れることとして、正しいものをすべて選びなさい。

Ⓐ　指笛を披露した人は採用された。

Ⓑ　木彫りが趣味の人の作品は、趣味以上のものではなかった。

Ⓒ　採用されたのは１番目と３番目の人だった。

2分読んで、答えが決まったら次のページへ

Q1　答え　Ⓐ・Ⓒ

　まず、採用された人は、最後の文から「指笛」と「木彫り」のあだ名で呼ばれる人だとわかります。呼び名が特技と対応していることはわかりますね。Ⓐについては、指笛を披露した人は採用されたので、正しいことがわかります。Ⓑについては、木彫りの作品を見て「**技術の細かさには圧倒された**」という感想を述べており、見せた人は採用されています。ここから木彫りの作品が趣味を超えた出来であることが読み取れるため、「作品は、趣味以上のものではなかった」という批評は正しくありません。Ⓒについて、特技を見せた人の順番は、指笛→早口言葉→木彫りです。1番目と3番目の人が採用されたという説明は、正しいことがわかります。

09 あんこの種類（しゅるい）

Q1 　まんじゅうをはじめ、どらやき、もなかなど、たくさんのお菓子（かし）に使われているあんこ。お菓子といえるかどうかわかりませんが、あんパンもあんこを使っています。あんこが、小豆（あずき）などから作られるものだということは、知っている人も多いでしょう。種類（しゅるい）でいうと、「こしあん」と「つぶあん」に分かれます。こしあんは、小豆を煮（に）てやわらかくしてから皮を取り除（のぞ）いたあと、裏（うら）ごしという作業をして、細かい粒（つぶ）がなくなるまで丁寧（ていねい）につぶしたものです。なめらかさを感じることができるのが特徴（とくちょう）です。つぶあんは、小豆の皮をつぶさないように丁寧に煮たものです。こちらは小豆の皮の風味が残（のこ）っているので、それを楽しめることが特徴です。

問　「種類」とは何の種類なのか、正しいものをすべて選（えら）びなさい。

Ⓐ　あんこを使ったお菓子
Ⓑ　小豆で作ったあんこ
Ⓒ　小豆の皮の風味

2分読んで、答えが決まったら次のページへ

Q1　答え　Ⓑ

　「こしあん」と「つぶあん」が、あんこの作り方による種類だと気づけば、Ⓑの「小豆で作ったあんこ」は正しいとわかります。Ⓐは、「あんこを使ったお菓子」について書かれている部分はありますが、そのあと、**「あんこが、小豆などから作られるものだということは、知っている人も多いでしょう」** と、「あんこ」そのものについての話題にうつっているので、ここでの「種類」にはあてはまりません。Ⓒの「小豆の皮の風味」は、つぶあんの特徴として書かれています。問いは、特徴の種類を求めるものではないので、正しくありません。

10 ぜんぶ同じお茶？

Q1 　緑茶、紅茶、ウーロン茶は、どれも同じお茶の葉から作られているということを知っていましたか？　すべて、ツバキ科のチャノキまたはカメリアシネンシスとも呼ばれる木の葉から作られます。違いは、葉の発酵※のさせ方にあります。発酵させずに茶を蒸したものが緑茶、高温多湿の場所に置いて発酵させたものが紅茶です。ウーロン茶は発酵を途中で止めて、葉を蒸したもので、このやり方を「半発酵」といいます。極端ないい方をすると、緑茶、紅茶、ウーロン茶は同じものということになりますね。

※　微生物の働きによって、食べ物などをよい状態に変化させること。

> **問**　「違い」とは何の違いなのか、正しいものをすべて選びなさい。

Ⓐ 緑茶、紅茶、ウーロン茶の違い

Ⓑ チャノキとカメリアシネンシスの違い

Ⓒ 葉の発酵のさせ方の違い

2分読んで、答えが決まったら次のページへ

Q1　答え　Ⓐ

　本文の最初と最後を見ると、この文章は「**緑茶、紅茶、ウーロン茶**」について書かれたものだということがわかります。「**どれも同じお茶の葉から作られている**」のに、種類が違うのは、これらの「**葉の発酵のさせ方**」が違うから、という流れです。よって、Ⓐは正しいといえます。Ⓑのチャノキとカメリアシネンシスについては、「**…カメリアシネンシスとも呼ばれる**」と本文で説明されているので、この2つは同じものを指しているとわかります。Ⓒについては、文にあてはめてみると、「葉の発酵のさせ方の**違い**は、葉の発酵のさせ方にあります」という説明になってしまい、意味が通りません。

よくかげば
ぜんぶ同じにおい…？

11 絵を盗んだ犯人は？

Q1 事件は白昼堂々、屋敷に何人もの人がいるなかで起こった。夫人が大切にしていた絵画が盗まれたのだ。縦30センチ、横20センチの額縁に入った小さな絵で、誰一人盗まれたことに気づかなかったのだ。警察の捜査の結果、犯行時刻は昨日の14時ごろと推定された。犯行時、どこで何をしていたか、刑事が屋敷で働くすべての人に聞いた。まず、執事※に聞いたところ、執事は「そのとき、私は出かけていたものですから、屋敷にもどったのは、え〜と、16時くらいだったと思います」と言った。それを聞いた私は「それはおかしくないか？　たしかその時間には、盗まれた絵があった部屋の隣の部屋にいたのを、私は見たぞ」と心の中でつぶやいた。

※　屋敷などに仕える人。

問 上の文章の内容と一致するものを、すべて選びなさい。

Ⓐ　私は、執事が16時ごろに屋敷にいたのを見た。

Ⓑ　私と執事は、犯行時刻に事件のあった部屋の隣の部屋にいた。

Ⓒ　執事は、犯行時刻に出かけていたと言った。

2分読んで、答えが決まったら次のページへ

Q1　答え　Ⓒ

　「**それはおかしくないか？　たしかその時間には…**」という、「私（わたし）」の心の中のつぶやきに注目しましょう。「私」は「**その時間**」に、執事を見ています。「**その時間**」とは、執事が出かけていたと言っている「犯行時刻（14 時ごろ）」と、執事が屋敷（やしき）にもどったと言っている「16 時くらい」が考えられます。「私」が「**それはおかしくないか？**」と思ったのは、出かけているはずの時刻に部屋にいる執事を見たからです。よって、「その時間」は犯行時刻の 14 時ごろと考えられます。もし、執事を見た時刻が 16 時くらいならば、屋敷にもどった時刻と一致（いっち）するので、「私」がおかしいと思うことはなかったでしょう。よって、Ⓐ は本文と一致しません。Ⓑ について、「私」がどこから執事を見ていたかは本文に書かれていないので、執事と同じ部屋にいたかどうかはわかりません。ですから、これも本文と一致するとはいえません。Ⓒ は、執事の発言の内容（ないよう）と一致しています。

ここまで調べて
謎（なぞ）がすべて解（と）けました
犯人は…私でした

えー！？

意外すぎる真犯人…

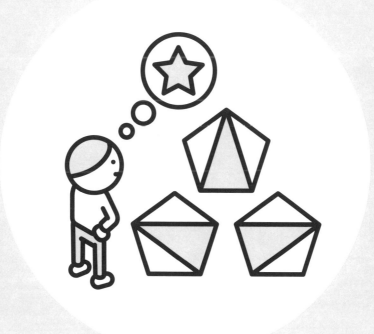

第 3 章　図表読解

図や表など の 意味を 理解する

01　みかんの収穫

Q1　下のグラフは、みかんの1年間の収穫量の変化を10年おきに示したもので、全国と愛媛県の場合について表しています。

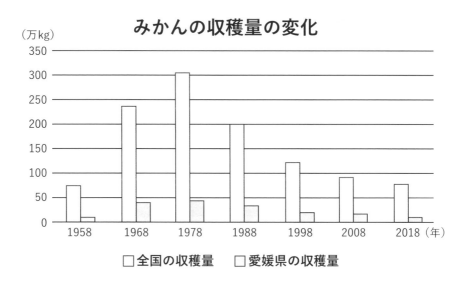

みかんの収穫量の変化

（万kg）

□全国の収穫量　　□愛媛県の収穫量

問　上のグラフから読み取れることとして、正しいものをすべて選びなさい。

A　みかんの収穫量は、年々増え続けている。

B　愛媛県の収穫量が10年前より増えたときは、全国の収穫量も10年前より増えている。

C　2028年のみかんの収穫量は、2018年より減っている。

2分読んで、答えが決まったら次のページへ

Q1　答え　B

　棒グラフを読むときには棒の高さの変化に注目しましょう。 A について、「年々増え続けている」といえるのは、1958年から1978年までで、1988年からは減り続けています。よって、 A は正しくありません。 B については、愛媛県の高さの変化と全国の高さの変化をよく比べてみる必要があります。愛媛県の高さが伸びたとき、全国の高さが伸びているでしょうか。また、その逆はあるでしょうか。そのあたりを注意深く見てみると、 B は正しいとわかります。 C について、収穫量は年々減ってきていますが、将来のことはグラフには表されていないので、読み取れることとしては正しいとはいえません。

3年後くらいの
流行先取り

みかん型
おだんごヘアー

02 年齢と身長

Q1 　下のグラフは、日本人の年齢別の平均身長を、男性と女性についてそれぞれ示したものです。

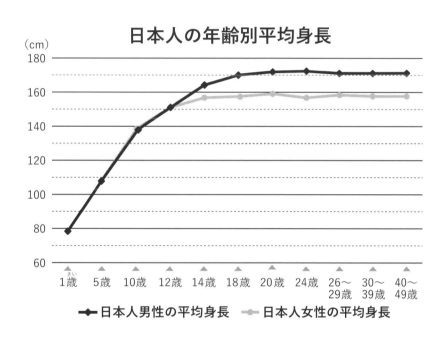

日本人の年齢別平均身長

問　上のグラフから読み取れることとして、正しいものをすべて選びなさい。

A　12歳までは、男性・女性の平均身長はだいたい同じである。
B　男性は14歳よりあとはほとんど変化がなく、少しだけ数字が上下している。
C　男性・女性のどちらも、24歳が最も平均身長が高い。

2分読んで、答えが決まったら次のページへ

Q1　答え　A

　男性の平均身長と女性の平均身長は、12歳までは線が重なっています。これは平均身長がほぼ同じであることを意味しているので、 **A** は正しいとわかります。 **B** については、男性の場合14歳からあとも平均身長が伸びていて、ほとんど変化がなくなるのは、18歳になってからです。14歳よりあとはほとんど変化がなく、少しだけ数字が上下しているといえるのは、女性のほうです。 **C** について、女性の24歳は最も平均身長が高いとはいえません。その両隣のほうが高くなっています。一方で、男性のほうは24歳が最も平均身長が高いといえます。

オレのほうが背が高い！

大事なのは背の高さより心の広さだよ

03 どのカレンダー？

Q1 　今月は、3つの曜日に5週目がある。その3つの曜日はいずれも土日にかかっていない。そのため、今月は平日が今年いちばん多い月となっている。

問　上の文章は、どのカレンダーについて説明したものなのか、あてはまるものをすべて選びなさい。

A

月	火	水	木	金	土
28	29	30	1	2	3
5	6	7	8	9	10
12	13	14	15	16	17
19	20	21	22	23	24
26	27	28	29	30	31

B

月	火	水	木	金	土
2	3	4	5	6	7
9	10	11	12	13	14
16	17	18	19	20	21
23	24	25	26	27	28
30	31	1	2	3	4

C

月	火	水	木	金	土
30	1	2	3	4	5
7	8	9	10	11	12
14	15	16	17	18	19
21	22	23	24	25	26
28	29	30	31	1	2

2分読んで、答えが決まったら次のページへ

　A 〜 C のどのカレンダーにも「**3つの曜日に5週目がある**」ので、ポイント
は「**3つの曜日はいずれも土日にかかっていない**」ということです。 A には土曜
日が、 B には日曜日が含まれているので、 A と B はあてはまりません。 C の
みが説明にあてはまるカレンダーです。

月曜日をぬっちゃえば…

よし！これで夢の
4週連続3連休完成！

04 どこに座る？

Q1　5人が部屋に入り、6つある席のうちの5つに座った。加藤さんはDの場所に座った。太田さんは加藤さんの正面に座った。田中さんは太田さんの隣に座らず、1つ空けて座った。西本さんは田中さんと話がしたいので、隣どうしになるように座った。いちばん遅れてきた原口さんは、とりあえず空いている席に座った。そうすると、目の前には田中さんがいた。

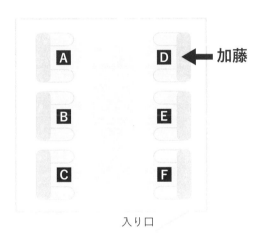

入り口

問　上の説明の内容と一致するものを、すべて選びなさい。

A　Eに座っているのは、西本さんである。
B　誰も座っていない席はBである。
C　入り口にいちばん近い席に座っているのは原口さんである。

2分読んで、答えが決まったら次のページへ

　順に見ていきましょう。「**太田さんは加藤さんの正面に座った**」ので、Ａが太田さんだということがわかります。次に、「**田中さんは太田さんの隣に座らず、１つ空けて座った**」ので、田中さんはＣだとわかり、その隣になるように座った西本さんはＢとなります。「**原口さんは、とりあえず空いている席に座った。そうすると、目の前には田中さんがいた**」から、原口さんはＦに座ったとわかるので、正しい選択肢は C のみとなります。５人が座った席は、下のようになります。

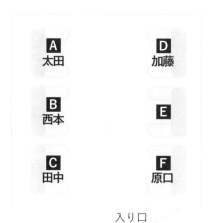

入り口

05 31日まである月は？

Q1　1年の中で31日まである月は何月か、わかりますか？　手のひらを出してください。まず、人差し指の先を1月とします。そして、人差し指と中指の間を2月、中指の先を3月、中指と薬指の間を4月、薬指の先を5月、薬指と小指の間を6月、小指の先を7月とします。次に、もう一度小指の先を8月とします。その次は、小指と薬指の間を9月、薬指の先を10月、薬指と中指の間を11月、中指の先を12月とします。そうすると、指の先にある1月、3月、5月、7月、8月、10月、12月が31日まである月だということがわかります。実際に、カレンダーで確認してみましょう。

問　上の説明の内容と一致するものを選びなさい。

A

3　5、12　7、10
　　　　　　8
1

B

1　3、12　5、10
　　　　　　7、8

C

1、12　3、10　5、8
　　　　　　　7

2分読んで、答えが決まったら次のページへ

Q1　答え　B

　「人差し指の先を1月とします」と書かれているので、Aはあてはまりません。次に大事な部分は、「もう一度小指の先を8月とします」の部分です。つまり、小指は7月でもあり、8月でもあるのです。それを表しているのはBしかありませんね。Bは、そのほかの月も、本文の説明と一致しています。

06 旅行日程表

Q1 下はある旅行での日程表です。

旅行日程表

8:00 A駅南口バス乗り場集合 　　8:15 出発 　（バス）

10:00 湖景山展望台 　　（自由行動） 　　11:00 出発

（バス） 　　11:15 レストラン海王 　　（たっぷり120分バイキング）

13:30 出発 　　（バス） 　　15:00 お菓子の森

（工場見学・お菓子の試食つき） 　　16:00 出発

（バス） 　　17:30 A駅南口バス乗り場到着、解散

問 上の旅行日程表から読み取れることとして、正しいものを選びなさい。

A レストラン海王にいる時間は、約3時間である。
B お菓子の森では、お菓子を食べることができる。
C バスでの移動時間が最も長いのは、レストラン海王からお菓子の森までの間である。

2分読んで、答えが決まったら次のページへ

　A について、レストラン海王にいる時間は、11 時 15 分から 13 時 30 分の 2 時間 15 分なので、正しくありません。 B については、「**お菓子の試食つき**」とあるので正しいです。 C について、バスでの移動時間は「（**バス**）」と書かれているところの前後の時刻を見るとわかります。レストラン海王からお菓子の森までは 1 時間 30 分です。最も長いのは、バス乗り場から湖景山展望台までの 1 時間 45 分なので、 C は正しくありません。

07　旅行に行くなら何人？

Q1　旅行をするなら何人で行くのがいいかを、100人の人に聞いてみました。2人と答えた人が最も多く、38人いました。次に多かったのが3人と答えた人で、27人いました。1人で旅をしたいという人もこれと同じぐらい多く、25人いました。そして残りの人は、4人以上の人数を答えました。

問　上の説明の内容と一致するグラフを選びなさい。

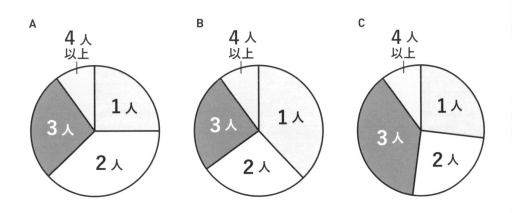

2分読んで、答えが決まったら次のページへ

「**2人と答えた人が最も多く**」の部分がカギですね。おうぎ形の面積が最も大きいところを探しましょう。そして、そこが「2人」であることを確認しましょう。そのうえで、「3人」→「1人」→「4人以上」の部分の大きさが本文と合っているかを確かめると、　A　が一致するとわかります。

08 社員の構成

Q1 ある会社の社員の数を年代別に調べてみたところ、下のグラフのようになりました。「代」というのは 10 歳ごとに区切った年齢の範囲を表します。たとえば、20 代というのは 20 歳から 29 歳までの人のことです。

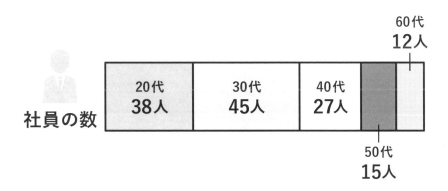

問 上のグラフから読み取れることとして、正しいものをすべて選びなさい。

A 20 代、30 代、40 代と、年代が上がっていくと人数が減る。

B 30 代の社員の数は、40 代以上の社員の数より多い。

C 30 代と 40 代の社員の数を合わせると、全体の半分以上になる。

> **2 分読んで、答えが決まったら次のページへ**

◇ Q1　答え　C

　グラフの数字と選択肢をよく見比べましょう。「20代は38人」「30代は45人」「40代は27人」ですから、「年代が上がっていくと人数が減る」ということはいえませんね。よって、A は正しくありません。B の「40代以上の社員の数」というのは50代も60代も含みます。合計すると40代以上は27＋15＋12＝54人となり、30代の45人よりも多くなります。したがって、B も正しくありません。C について、全体の合計は38＋45＋27＋15＋12＝137人です。30代の45人と40代の27人を合わせると、45＋27＝72人で、全体の半分以上になり、C は正しいとわかります。

09 アパートの住人

Q1 　下のような２階建てのアパートがあり、５人の人がそれぞれ１人で住んでいます。伊藤さんの部屋の上に金子さんが住んでいます。田中さんは吉田さんの隣に住んでいます。伊藤さんと佐藤さんは隣どうしです。

２階	２０１	２０２	２０３
１階	１０１	１０２	１０３

問 　上の説明の内容と一致するものを、すべて選びなさい。

A 　佐藤さんの部屋の上に吉田さんが住んでいることは確実である。
B 　誰も住んでいない部屋は、101 か 103 のどちらかである。
C 　伊藤さんの部屋は 102 か 202 のどちらかである。

２分読んで、答えが決まったら次のページへ

金子	
伊藤	佐藤

	金子
佐藤	伊藤

伊藤さんを基準にすると、左の２通りの並び方が考えられます。また、「**田中さんは吉田さんの隣**」とあるため、２つ並んだ部屋が残っている必要があります。１階には伊藤さんと佐藤さんがいるので、田中さんと吉田さんがいるのは２階です。もし伊藤さんが102だとすると、202が金子さんになるので、田中さんと吉田さんは隣になれません。以上のことから、５人の部屋はⅠとⅡのどちらかになります。

Ⅰ

201　金子	202 田中か吉田	203 田中か吉田
101　伊藤	102　佐藤	103

Ⅱ

201 田中か吉田	202 田中か吉田	203　金子
101	102　佐藤	103　伊藤

　まず、Ⓒ は説明と一致しないことがわかります。次に、Ⓐ について、佐藤さんの部屋の上の人は田中さんか吉田さんの可能性はありますが、どちらであるかは本文からはわかりません。したがって、Ⓐ も説明と一致しません。伊藤さんが101か103のどちらかだと、田中さんと吉田さんは２階で隣どうしになるので、Ⓑ が本文と一致します。

10 配送料

Q1 下の表は、東京から各地への宅配便の料金を表したものです。

　関西の実家から引っ越して、東京に住んでいる青木さんは、北海道に住む永田さんに縦 60 cm、横 40 cm、高さ 30 cm の荷物を 2 つと、実家の母親に縦 30 cm、横 20 cm、高さ 20 cm の荷物を 1 つ送ることにしました。

サイズ名	荷物の大きさ（縦・横・高さの合計）	東北・関東・東海	北陸・関西・中国・四国	北海道・九州・沖縄
60 サイズ	60cm 以下	900 円	1100 円	1300 円
80 サイズ	80cm 以下	1100 円	1300 円	1500 円
100 サイズ	100cm 以下	1350 円	1550 円	1750 円
120 サイズ	120cm 以下	1600 円	1800 円	2000 円
140 サイズ	140cm 以下	1850 円	2050 円	2250 円
160 サイズ	160cm 以下	2100 円	2300 円	2500 円
170 サイズ	170cm 以下	2350 円	2550 円	2750 円

問　青木さんが支払う料金の合計として、正しいものを選びなさい。

A　5000 円

B　5100 円

C　5800 円

2 分読んで、答えが決まったら次のページへ

　必要な情報は、「送る地域」「荷物の大きさ」「個数」の３つです。まず、永田さんへ送るのは、「北海道」へ、「縦60cm、横40cm、高さ30cm」の荷物を「2つ」です。サイズは 60＋40＋30＝130 cm ですから、「140サイズ」となります。「北海道」の「140サイズ」のところを見ると 2250 円で、それが２つですから、4500 円となります。次に、母親へ送るのは「関西」へ、30＋20＋20＝70 cm の「80サイズ」を「1つ」ですから、1300 円となります。合計すると、4500＋1300＝5800 円となり、 C が正しいとわかります。

どんなお返し
もらえるかな〜？

カニとか〜？

11 図書館に行きたい

Q1 中山さんと高橋さんが話をしています。

中山：あの、すみません。中央図書館に行きたいのですが…。

高橋：ああ、中央図書館ですね。この先のコンビニのある交差点を右に曲がって、2本目の道を右に曲がってください。そうするとすぐに二股に分かれているところがありますので、そこを左に進んでください。その先に中央図書館があります。

中山：右に曲がって2本目をまた右に、そしてY字型の交差点を左ですね。

高橋：はい、そうです。

中山：ありがとうございます。

問　2人の会話にあてはまる地図として、正しいものをすべて選びなさい。

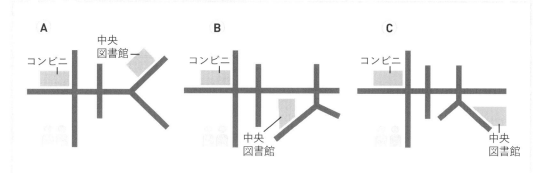

A　コンビニ　中央図書館

B　コンビニ　中央図書館

C　コンビニ　中央図書館

□…中山さんと高橋さんが話をしている場所。

2分読んで、答えが決まったら次のページへ

Q1 答え **C**

「**右に曲がって２本目をまた右に、そしてＹ字型の交差点を左ですね**」という中山さんの言葉に注目しましょう。高橋さんの説明を短くまとめています。ポイントとしては、「２本目」の意味を間違えないようにすることです。交差点を数える場合には、最初に曲がったところは数えずに、次の交差点が見えたら、そこを「１本目」として数えます。ここに注意して地図をたどると、説明通りに中央図書館へ行くことができるのは、**C** のみだとわかります。

4

LOGIC

文章の筋道を理解する

Q1 　8個300円で売っているたこ焼きがある。10個だと350円である。10個入りのほうが1個あたりの値段が安い。1個の値段が安いほうがよいが、今日はお金がなくてできるだけお金をかけたくないので、（　　　）。

> 問　上の文章中の（　　）にあてはまるものを、すべて選びなさい。

Ⓐ 10個入りではないほうを買った
Ⓑ 8個入りのほうを買った
Ⓒ 10個入りのほうを買った

Q2 　カモノハシという動物がいる。カモノハシは卵を産む。動物には魚類とか両生類などという分け方があるが、そのなかでカモノハシはほ乳類に含まれる。しかし、「ほ乳類は卵を産まない」というのが通説である。その通説から考えると、（　　　）ということになる。ここに動物の不思議さがある。

> 問　上の文章中の（　　）にあてはまるものを、すべて選びなさい。

Ⓐ カモノハシは魚類ではない
Ⓑ カモノハシは両生類ではない
Ⓒ カモノハシはほ乳類ではない

2分読んで、答えが決まったら次のページへ

Q1　答え　Ⓐ・Ⓑ

「**1個の値段が安いほうがよいが、今日は…お金をかけたくないので**」の部分に着目します。1個あたりの値段の安さよりも、実際に支払う金額の安さのほうを優先したことがわかります。支払う金額で比べると、8個入りのほうが安いので、買ったのは8個入りのたこ焼きです。Ⓐの「10個入りではないほう」もⒷの「8個入りのほう」と同じことを示しているので、ⒶとⒷがあてはまります。

Q2　答え　Ⓒ

「『**ほ乳類は卵を産まない**』**というのが通説である**」の直後に「**その通説から考えると**」と書いてあるので、「ほ乳類は卵を産まない」という通説を基本にして考えます。「**カモノハシは卵を産む**」ので、「ほ乳類は卵を産まない」という通説にあてはまりませんね。卵を産むか産まないかだけで考えると、「カモノハシはほ乳類ではない」といえるので、Ⓒがあてはまります。ⓍとⒷについて、カモノハシは魚類でも両生類でもありませんが、それはこの通説から判断できるものではないのであてはまりません。

02 水族館にカバはいる？

Q1 ペンギンは動物園で見ることができる。また、ペンギンは水族館でも見ることができる。これはペンギンが動物であると同時に水環境で暮らす生き物でもあるからだ。しかし、水環境で暮らすホッキョクグマやカバは、動物園にはいるものの、水族館ではほとんど見ることができない。

問 上の文章の内容と一致するものを、すべて選びなさい。

Ⓐ ペンギン、ホッキョクグマ、カバは水族館で見ることができる。
Ⓑ ペンギン、ホッキョクグマ、カバは動物園で見ることができる。
Ⓒ ペンギン、ホッキョクグマ、カバは動物園と水族館で見ることができる。

Q2 上田さん、山口さん、遠藤さん、松田さん、中村さんの5人にわんわんカーニバルに行ったことがあるかどうかを聞いたところ、全員行ったことがあると答えた。さらに、にゃんにゃんカーニバルに行ったことがあるかと聞いたところ、山口さん、遠藤さん、中村さんの3人だけが行ったことがあると答えた。

問 上の文章の内容と一致するものを、すべて選びなさい。

Ⓐ 5人の中でわんわんカーニバルに行ったことがある人は、にゃんにゃんカーニバルにも行ったことがある。
Ⓑ 5人の中でにゃんにゃんカーニバルに行ったことがある人は、わんわんカーニバルにも行ったことがある。
Ⓒ 5人の中でわんわんカーニバルには行ったことがあるが、にゃんにゃんカーニバルには行ったことがないのは2人である。

2分読んで、答えが決まったら次のページへ

Q1　答え　Ⓑ

　ペンギンについては、「**動物園で見ることができる**」とあり、続いて「**水族館でも見ることができる**」とあるので、どちらでも見ることができます。ホッキョクグマとカバについては、「**動物園にはいるものの、水族館ではほとんど見ることができない**」とあるので、動物園でのみ見られるといえます。ホッキョクグマとカバは水族館では見ることができないので、ⒶとⒸは本文と一致せず、Ⓑのみが一致するとわかります。

Q2　答え　Ⓑ・Ⓒ

　5人に聞いたところ、わんわんカーニバルには、「**全員行ったことがある**」と答えています。そして、にゃんにゃんカーニバルには、「**3人だけが行ったことがある**」と答えています。つまり、どちらにも行ったことがある人が3人で、残りの2人はわんわんカーニバルにだけ行ったことがある人ということです。これより、Ⓐは本文と一致せず、ⒷとⒸが一致すると判断できます。

水族館にも
行ってみたいな…

03 ゲームが欲しい

Q1 よつばレストランではカレーの肉を、ビーフかポーク、またはチキンの中から選ぶことができる。今日はビーフが売り切れだった。だから、今日のカレーは（　　　　）のどちらかを選ぶことになる。

> 問　上の文章中の（　　　）にあてはまるものを選びなさい。
>
> Ⓐ ビーフかポーク
> Ⓑ チキンかビーフ
> Ⓒ ポークかチキン

Q2 佐々木さんは来週の月曜日のテストで90点以上を取れば、ゲームを買ってもらうという約束を親とした。そのために、佐々木さんは一生懸命に勉強した。その結果、（　　　　）。だから、佐々木さんはゲームを買ってもらえた。

> 問　上の文章中の（　　　）にあてはまるものを、すべて選びなさい。
>
> Ⓐ 月曜日のテストで90点を取ることができた
> Ⓑ 月曜日のテストでよい点を取ることができなかった
> Ⓒ 火曜日のテストでは100点を取ることができた

2分読んで、答えが決まったら次のページへ

Q1　答え　C

「ビーフかポーク、またはチキン」のうち、「今日はビーフが売り切れ」ですから、残った2つから選ぶことになります。残ったのはポークとチキンなので、C があてはまります。

Q2　答え　A

「ゲームを買ってもらえた」ということは、佐々木さんが「月曜日のテストで90点以上」を取ったということですから、A はあてはまります。B は、よい点を取ることができなかったのであれば、ゲームは買ってもらえなかったはずなので、あてはまりません。C は、「火曜日」が条件にあてはまりません。

すごくリアルな
ゲームだなぁ

04 パソコンを買った人

Q1 　林さんは地元のサッカークラブ、ウラモント FC に小学 3 年生のときに入団して、いままで 5 年間休まずに練習に参加している。このサッカークラブでは、小学生には 4 号球のサッカーボールを、中学生には 5 号球のサッカーボールを、それぞれ入団時にプレゼントする。小学生のときに入団し、辞めずに続けている人には、中学生になったときに 5 号球がプレゼントされる。林さんは早めに 5 号球に慣れたいと思い、小学 6 年生のときにすでに 5 号球を親に買ってもらっていた。

問　上の文章から読み取れることとして、正しいものをすべて選びなさい。

Ⓐ 林さんはウラモント FC から 5 号球のボールをもらえなかった。

Ⓑ 林さんは 4 号球のサッカーボールを持っていない。

Ⓒ 林さんはサッカーボールを 3 個は持っているはずである。

Q2 　大手メーカーの A 社はパソコン、タブレット、スマートフォンの 3 つを新作発表会で販売した。発表会には A 社の長年のファンである人々が集まり、大盛況であった。販売の記録を調べたところ、パソコンを買った人はみんなタブレットも買っていた。さらに、タブレットを買った人はみんなスマートフォンも買っていた。

問　上の文章から読み取れることとして、正しいものをすべて選びなさい。

Ⓐ パソコンを買っていない人は、スマートフォンを買っていない。

Ⓑ パソコンを買った人は、スマートフォンも買っている。

Ⓒ パソコンを買った人の中には、タブレットを買っていない人がいる。

2 分読んで、答えが決まったら次のページへ

　答え　Ⓒ

　林さんは小学3年生でウラモントFCに入団し、それから5年たっているので、現在は中学2年生のはずです。林さんは「**小学生のときに入団し、辞めずに続けている人**」なので、入団時に4号球のサッカーボールをもらい、中学生になったときに5号球をもらっています。それとは別に、小学6年生のときに親から5号球を買ってもらったので、林さんは4号球を1個、5号球を2個の、計3個はサッカーボールを持っているはずです。よって、正しいのは Ⓒ のみです。

Q2　答え　Ⓑ

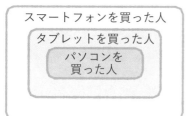

スマートフォンを買った人
タブレットを買った人
パソコンを
買った人

　「**パソコンを買った人はみんなタブレットも買っていた**」を考えましょう。これは、パソコンを買った人よりも、タブレットを買った人のほうが多い（または、同じ人数である）ことを意味します。同じように、「**タブレットを買った人はみんなスマートフォンも買っていた**」は、タブレットを買った人よりも、スマートフォンを買った人のほうが多い（または、同じ人数である）ことを意味します。これを図に表せば、左上のようになりますね。ここから、Ⓐ と Ⓒ は正しくなく、Ⓑ が正しいことがわかります。

05 どの部活に入る？

Q1 阿部さん、中山さん、松原さん、大木さんの4人が待ち合わせをしました。阿部さんは待ち合わせの時間の5分前に来ました。松原さんは待ち合わせの時間に5分遅れて着きました。大木さんは待ち合わせの時間に10分遅れて着きました。待ち合わせの時間ちょうどに来たのは、中山さんだけでした。

問 阿部さん、中山さん、松原さん、大木さんの着いた順番として、正しいものを選びなさい。

Ⓐ 阿部さん→中山さん→松原さん→大木さん

Ⓑ 阿部さん→松原さん→中山さん→大木さん

Ⓒ 中山さん→松原さん→阿部さん→大木さん

Q2 古川さんは、野球部に入ろうかサッカー部に入ろうかで迷っている。家に帰ってから宿題をしたり、ゆっくりしたりする時間が欲しいので、練習時間は短いほうがよい。野球部は、平日に毎日練習があるが、夕方の5時半には必ず終わる。サッカー部は、平日のうち3日だけ練習があるが、練習は夜の7時まで終わらない。考えた結果、古川さんは野球部に入ることにした。

問 上の文章から読み取れることとして、正しいものを選びなさい。

Ⓐ 古川さんは野球部に入ろうと思ったが、サッカー部に入った。

Ⓑ 古川さんにとって、サッカー部の練習は時間が長いと感じた。

Ⓒ 古川さんは、野球部に入ったら練習時間がたくさん必要だと思っている。

2分読んで、答えが決まったら次のページへ

Q1　答え　Ⓐ

待ち合わせ時間を基準にして、4人が到着した順番を整理しましょう。

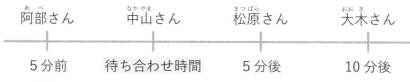

阿部さん	中山さん	松原さん	大木さん
5分前	待ち合わせ時間	5分後	10分後

正しいのは Ⓐ になります。

....

Q2　答え　Ⓑ

　本文の最後に「**古川さんは野球部に入ることにした**」と書かれているので、Ⓐ は正しくありません。また、「**家に帰ってから宿題をしたり、ゆっくりしたりする時間が欲しいので、練習時間は短いほうがよい**」と書いてあり、そのあとに野球部とサッカー部の練習時間を比べていることから、野球部と決めた理由は「練習時間の短さ」であることが読み取れます。このことから、Ⓑ は正しく、Ⓒ は正しくないとわかります。

06 生産個数は？

目標時間 2分

Q1 　東さん、遠藤さん、伊藤さん、松田さんの4人が試験を受けました。東さんの点数は遠藤さんより5点高かったそうです。伊藤さんの点数は東さんより5点高かったそうです。松田さんの点数は遠藤さんと伊藤さんのちょうど中間の点数だったそうです。

> 問　松田さんの点数について、正しいものをすべて選びなさい。

- Ⓐ 松田さんは4人の中でいちばん高い点数を取った。
- Ⓑ 松田さんは東さんと同じ点数である。
- Ⓒ 松田さんは伊藤さんより点数が高い。

Q2 　A社で1月、2月、3月に生産された商品「Q3001-43」の数の変化を調べたところ、1月は2月より5万個少なかった。1～3月の生産個数が75万個で、1～3月のどこかの月の生産個数が20万個だった場合、3月の生産個数は（　　　　）。

> 問　上の文章中の（　　　）にあてはまるものを、すべて選びなさい。

- Ⓐ 20万個または35万個である
- Ⓑ 20万個、30万個、40万個のいずれかである
- Ⓒ 1・2月の生産個数より多い

2分読んで、答えが決まったら次のページへ

Q1　答え　Ⓑ

　仮に、東さんの点数を 80 点だとすると、「**遠藤さんより 5 点高かった**」ということから、遠藤さんは 75 点、伊藤さんは「**東さんより 5 点高かった**」ため、85 点となります。このことから、「**遠藤さんと伊藤さんのちょうど中間**」である松田さんの点数は 80 点となり、東さんと同じ点数となります。点数が高い順に並べると、伊藤さん→松田さん・東さん→遠藤さんとなるので、正しいのは Ⓑ のみとなります。

Q2　答え　Ⓑ

　それぞれの月の生産個数が 20 万個だった場合に、ほかの月がどう決まるか、考えられる可能性を表にしてみましょう。

	1月	2月	3月
可能性①	20 万個	25 万個	30 万個
可能性②	15 万個	20 万個	40 万個
可能性③	25 万個	30 万個	20 万個

　Ⓐ の場合、35 万個があてはまりません。また、 Ⓒ は、可能性③の場合があるので、断定的なことはいえません。

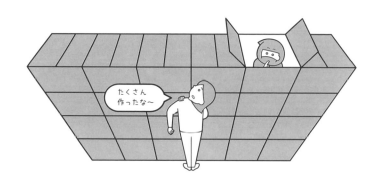

07 ほくろの正体

Q1 ある商店街では第3金曜日には、揚げ物がすべて1割引になる。今日は金曜日である。よって、今日は（　　）。

> **問** 上の文章中の（　　）にあてはまるものを、すべて選びなさい。

Ⓐ 揚げ物がすべて1割引である
Ⓑ ある揚げ物が1割引である
Ⓒ 揚げ物が1割引の可能性がある

Q2 人間の肌の色には、メラニンという色素が関係している。皮膚に含まれるメラニンの量が多いと、肌の色は濃くなるということだ。メラニンは普通、皮膚の中に平均的に広がっているが、何かの原因で、一部にかたまってしまうことがある。それが、ほくろである。なお、ほくろがなぜできるのか、詳しいことはわかっていないそうだ。

> **問** 上の文章の内容と一致するものを、すべて選びなさい。

Ⓐ ほくろはメラニンが集まってできたものである。
Ⓑ メラニンはほくろが集まってできたものである。
Ⓒ ほくろとメラニンの関係はまだよくわかっていない。

2分読んで、答えが決まったら次のページへ

Q1　答え　Ⓒ

　冒頭の文の条件を整理すると、「第3金曜日」ならば「揚げ物がすべて1割引」となります。まず、Ⓑの「ある揚げ物が1割引」というのは違いますね。そして、次の文を見ると、「今日は金曜日である」とだけ書いてあります。「今日」が何番目の金曜日かわからないので、「揚げ物がすべて1割引である」と断定することはできません。よって、Ⓐもあてはまりません。もし「今日」が第3金曜日だったなら割引となるので、Ⓒの「可能性がある」というのが正しいといえます。

. . . .

Q2　答え　Ⓐ

　「メラニンは…一部にかたまってしまうことがある」の文がカギです。ここからいえることは、Ⓐの「ほくろはメラニンが集まってできたものである」ですね。なお、Ⓒは、わかっていないことというのは「ほくろがなぜできるのか」という仕組みについてなので、本文と一致しません。「ほくろとメラニンの関係」は、Ⓐの説明のように、はっきりとわかっているのです。

08 何をしていた？

目標時間

2分

Q1 　上田さん、小野さん、佐藤さん、近藤さんの４人に、週末、何をしていたかを聞いた。上田さんは「小野さんと映画に行ったあと、佐藤さんとも一緒になって、３人で買い物をしたんだ。それから小野さんとは別れて、近藤さんと３人で食事に行ったよ」と言った。小野さんは「上田さん、佐藤さんと一緒に買い物に行ったよ。そうだ、上田さんとは買い物の前に映画も見たんだった」と言った。佐藤さんは「近藤さんとカラオケに行ったんだけど、そのあと、近藤さんは用事があったらしく、いったん別れたんだ。そのあと上田さんと小野さんと買い物に行って、小野さんが帰ったタイミングで僕たちも帰ろうとしたんだけど、ちょうどそのときに近藤さんから連絡があったから、３人で食事をすることにしたんだ」と言った。

問　近藤さんの行動として、正しいものを選びなさい。

(A) カラオケ→不明→食事

(B) カラオケ→買い物→食事

(C) カラオケ→買い物→不明

2分読んで、答えが決まったら次のページへ

Q1 答え A

　近藤さんについて話しているところに注目しましょう。上田さんは買い物のあとに「**近藤さんと３人で食事に行った**」と話しています。また、佐藤さんは「**近藤さんとカラオケに行った**」「**そのあと、近藤さんは用事があったらしく、いったん別れた**」「**近藤さんから連絡があったから、３人で食事をすることにした**」と話しています。「３人で食事」というのは、上田さんと佐藤さんが共通して話していることですから、佐藤さんが話している内容が、近藤さんの行動だということがわかります。そうすると、カラオケ→不明→食事という順番になりますね。

09 到着した順番

目標時間 2分

 Q1 鈴木さん、山田さん、宮崎さん、西さんの4人が待ち合わせをしました。鈴木さんだけが待ち合わせの時間ぴったりに着きました。山田さんは待ち合わせの時間に10分遅れて着きました。宮崎さんは山田さんより早く着きました。西さんは宮崎さんより10分早く着きました。

問 鈴木さん、山田さん、宮崎さん、西さんの着いた順番として、可能性のあるものをすべて選びなさい。

Ⓐ 鈴木さん→西さん→宮崎さん→山田さん
Ⓑ 西さん→鈴木さん→宮崎さん→山田さん
Ⓒ 西さん→宮崎さん→鈴木さん→山田さん

2分読んで、答えが決まったら次のページへ

4章 論理読解 107

本文には、宮崎さんと西さんが待ち合わせの時間より早く来たのか、遅く来たのかが書いてありません。到着した時間が確定しているのは、鈴木さんと山田さんだけです。ここで、「**宮崎さんは山田さんより早く着きました**」とあり、「**西さんは宮崎さんより 10 分早く着きました**」とあるので、最後に着いたのは山田さんだということがわかります。山田さんが着いた時間を基準にして図を書いてみましょう。

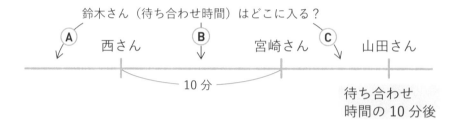

鈴木さん（待ち合わせ時間）はどこに入る？

Ⓐ　西さん　　　Ⓑ　　　宮崎さん Ⓒ　山田さん

—— 10 分 ——

待ち合わせ
時間の 10 分後

西さんと山田さんの時間の差は、10 分よりも大きくなります。一方、鈴木さんと山田さんの時間の差は 10 分です。したがって、西さんは鈴木さんよりも早く着いたことが確定します。宮崎さんと鈴木さんの順番は、宮崎さんが山田さんより何分早く着いたかによって変わります。よって、可能性があるのは Ⓑ と Ⓒ です。

10 汗の種類

Q1 　汗には、３つの種類がある。１つ目は体温が上がったときに、それを下げるために全身から出る温熱性発汗。２つ目は驚いたときや緊張したときに、手のひらや足のうら、脇の下などの限られた場所から出る精神性発汗。そして、３つ目は辛い物を食べたときに、頭皮や顔面を中心とした上半身から出る味覚性発汗。この味覚性発汗は、辛い物を食べたことによって「体の温度が上がった」と脳が勘違いをすることによって出る汗だという説もある。

問 　上の文章の内容と一致するものを、すべて選びなさい。

Ⓐ 温熱性発汗と味覚性発汗は、体温が上がったことによる発汗である。

Ⓑ 温熱性発汗と精神性発汗は、感情に左右されて出る汗である。

Ⓒ 精神性発汗と味覚性発汗は、汗の出る場所が限られている。

2分読んで、答えが決まったら次のページへ

Q1 答え Ⓒ

Ⓐ について、体温が上がることによる発汗は温熱性発汗だけです。味覚性発汗は「『体の温度が上がった』と脳が勘違いをすることによって出る汗だという説」とありますが、あくまでも脳の勘違いであり、実際に体温が上がったことによる発汗ではありません。 Ⓑ について、「感情に左右されて出る汗」といえるのは、「驚いたときや緊張したとき」の精神性発汗だけで、温熱性発汗は感情に左右されるとはいえません。 Ⓒ については、「精神性発汗」が「手のひらや足のうら、脇の下などの限られた場所から出る」、「味覚性発汗」が「頭皮や顔面を中心とした上半身から出る」と書かれていることから、「汗の出る場所が限られている」ということができますね。

暑いところで辛い物を食べたら汗が…
なんだかキンチョーもしてきたなぁ

トリプルパンチ！

11 潜水艦がもぐるとき

Q1　潜水艦は、船の一種であり、水の上に浮くようにできている。潜水艦が浮いていられるのは、中にたくさんの空気がつまっているからである。では、どうして水の中にもぐることができるのだろうか。それは、潜水艦が水にもぐるときに、バラスト・タンクというタンクの中に水を入れることによって重くなるからである。もぐった潜水艦が再び浮かぶときには、タンクの中に入れた水を外に出してしまえばよいのである。

問　上の文章から読み取れることとして、正しいものをすべて選びなさい。

Ⓐ　潜水艦がもぐるときと浮くときとでは、タンクの水の出し入れは逆になる。

Ⓑ　潜水艦は水の上に浮くことができる。

Ⓒ　潜水艦がもぐるときと浮くときとでは、タンクの上下の向きは逆になる。

2分読んで、答えが決まったら次のページへ

Q1 答え (A)・(B)

(A) については、本文に「**もぐるときに、バラスト・タンクというタンクの中に水を入れる**」とあり、「**浮かぶときには、タンクの中に入れた水を外に出してしまえばよい**」とあることから、正しいことがわかります。(B) については、「**水の上に浮くようにできている**」とあることから、これも正しいとわかります。(C) については、タンクの向きについては書かれていないため、正しいとはいえません。

5

CONNECTION

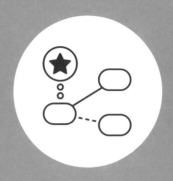

言葉や
文章を
結び付ける

01 森のいやし効果

Q1　昔、明かりに使う油が買えないくらい貧しく、蛍を集めてその光で読書をした人がいた。（　　　）、別のある人は、窓から差し込む雪明かりで勉強したという。この２つの話から、苦労して勉強にはげむことを表す「蛍窓雪案」という言葉ができた。

> 問　上の文章中の（　　　）にあてはまるものを、すべて選びなさい。

Ⓐ　たとえば
Ⓑ　また
Ⓒ　なぜなら

Q2　森の中に入ると、さわやかな気分になります。この香りの正体は、木々が出す「フィトンチッド」と呼ばれる物質です。フィトンチッドの「フィトン」は「植物」、チッドは「殺す」という意味のギリシャ語から来ています。この物質によって、植物に害のある細菌や微生物、虫などが死んでしまうことから、この名前がつけられました。しかし、人間にとっては有害なものではなく、（　　　）すがすがしい気分にさせてくれる物質なのです。

> 問　上の文章中の（　　　）にあてはまるものを、すべて選びなさい。

Ⓐ　むしろ
Ⓑ　加えて
Ⓒ　それどころか

２分読んで、答えが決まったら次のページへ

Q1 答え B

1つ目の文でいいたいのは、「蛍を集めてその光で読書をした人がいた」ということ、2つ目の文でいいたいのは、「別のある人は、窓から差し込む雪明かりで勉強した」ということです。このような、2つの別々の事柄を並べる場合には、B の「また」を使います。A の「たとえば」は例を示すときに使い、C の「なぜなら」は原因や理由などを述べるときに使うので、ここにはあてはまりません。

Q2 答え A・C

（　　　）の前後を見て、「〜ではなく…です」となっていることに注目しましょう。「人間にとっては有害なものではなく」ということよりも、「すがすがしい気分にさせてくれる」という利点のほうに重点があります。A の「むしろ」は、前の内容と後ろの内容を比べて、後ろのほうを強調するときに使われる言葉なので、あてはまります。C の「それどころか」は、前の内容からは予想できないようなことを述べるときに使う言葉なので、これもあてはまります。B の「加えて」は、前の内容に後ろの内容をつけ加えて述べるときに使われる言葉なので、あてはまりません。

02 寝ているときの脳

Q1　睡眠は、「レム睡眠」と「ノンレム睡眠」とに分けられます。レム睡眠というのは、体は寝ているが、脳が活動をしている睡眠のことで、「浅い眠り」と呼ばれることもあります。一方、ノンレム睡眠というのは、（　　　）のことです。脳を休めるための睡眠で、「深い眠り」と呼ばれることもあります。一般的には、寝てすぐにノンレム睡眠に入るのですが、寝てすぐにレム睡眠に入ることもあります。そうすると、自分は起きているつもりなのに体が寝ているため、手足を動かすことができず、金縛りと呼ばれる状態になることがあります。

問　上の文章中の（　　　）にあてはまるものを、すべて選びなさい。

Ⓐ 脳が目覚めている睡眠

Ⓑ 脳が活動している睡眠

Ⓒ 脳が活動していない睡眠

Q2　1週間に3日休む、「週休3日制」を実施しようという動きがあります。そこで、街の人たちを対象に、（　　　）1週間に3日休むとすると、何曜日を休みにしたいか、その休みをどのように活用したいかなどを調べる、アンケート調査を行いました。

問　上の文章中の（　　　）にあてはまるものを、すべて選びなさい。

Ⓐ なぜなら

Ⓑ もし

Ⓒ ところが

2分読んで、答えが決まったら次のページへ

Q1 答え C

（　　）のある文の書き出しの語「**一方**」がヒントになります。ここでは「ノンレム睡眠」が主題ですが、前の文章では「レム睡眠」が主題になっています。このことを読み解ければ、レム睡眠と反対のことを述べているものがあてはまるとわかります。レム睡眠は「**脳が活動をしている睡眠のこと**」とあるので、それと反対の C があてはまります。 A と B は「レム睡眠」のことを述べているので、あてはまりません。

Q2 答え B

（　　）の後ろにある「**1週間に3日休むとすると**」という部分に注目します。これは、「仮にそうだとすると」という仮定の話をしています。このようなときに使うのは、 B の「もし」です。 A の「なぜなら」は、原因や理由などを述べるときに使う言葉です。前後の内容は原因と結果の関係になっていないので、あてはまりません。 C の「ところが」は、前と後ろとで話や伝えたいことが変わるときに使います。これも、あてはまりませんね。

03 出会うと出合う

Q1 社内での評判もよく、社長が自信をもって発売したその商品は、大規模な宣伝をしても、おまけをつけても、値引きをしてもまったく売れなかった。（　　　）、その商品は消費者に受け入れられなかったということだ。

> **問** 上の文章中の（　　　）にあてはまるものを、すべて選びなさい。

Ⓐ そのうえ
Ⓑ 要するに
Ⓒ にもかかわらず

Q2 加藤さんは次のようなことを言っていた。
「あう」を漢字で書くときは、物に「あう」ときが「合う」、人に「あう」ときが「会う」というように使い分ける。だけど、（　　　）。基本的には「あう」と同じように物と人で使い分けることが多いが、物でも人でも「出会う」を使う人もいれば、「であう」対象を区別して、使い分ける人もいる。

> **問** 上の文章中の（　　　）にあてはまるものを、すべて選びなさい。

Ⓐ 「来る」の場合は話が変わってくる
Ⓑ 「出会う」を使うのは特別なときだけである
Ⓒ 「であう」の場合は話が変わってくる

2分読んで、答えが決まったら次のページへ

Q1　答え　Ⓑ

　最後の文に「**その商品は消費者に受け入れられなかったということだ**」と書かれています。これは「最後にこうなった」という結果を表していますね。もっとよく読むと、最後の文は、それまでの文を短くまとめた形にもなっています。このような場合には、前の内容をまとめ、結論をズバリと述べるⒷの「要するに」を使います。Ⓐの「そのうえ」は、前の内容に後ろの内容をつけ加えるときに使います。Ⓒの「にもかかわらず」は前の内容と逆の結果になるときに使います。

Q2　答え　Ⓒ

　Ⓐは、「来る」についてはまったく話題に上っていないことから、あてはまらないことがわかります。Ⓑについては、後ろの文に「**『あう』と同じように物と人で使い分けることが多い**」とあるので、「『出会う』を使うのは特別なときだけ」とはいえません。よって、Ⓑもあてはまりません。Ⓒについて、本文は前半で「あう」の使い分けについて説明し、後半で「であう」の使い分けについて、「あう」とは違う使い方もあることを説明しています。本文の内容と一致していて、前後の文ともうまくつながるので、Ⓒがあてはまります。

クマさんに
で～あ～った～！

?

04 ご飯は大事

Q1 植物が光のエネルギーを使って、水と空気中の二酸化炭素から炭水化物（デンプンなどの糖類）を作り出すことを、光合成という。（　　　）、光合成には、炭水化物を作り出す際に水を分解して、酸素を作り出すという働きもある。

問 上の文章中の（　　）にあてはまるものを、すべて選びなさい。

Ⓐ また
Ⓑ だから
Ⓒ したがって

Q2 成長する時期に栄養がかたよったり、きちんと三食食べなかったりするのは、子どもたちにとって大きな問題です。なぜ、このようなことが起きるのでしょうか？その（　　　）の一つに、家族そろってご飯を食べる機会が少ないということがあるかもしれません。家族がそろうと、三食食べる機会が増え、食卓に並んだいろいろな食べ物を食べることができるので、必要な栄養についても自然と考えるようになるでしょう。

問 上の文章中の（　　）にあてはまるものを、すべて選びなさい。

Ⓐ 結果
Ⓑ 理由
Ⓒ 様子

2分読んで、答えが決まったら次のページへ

前半では、光合成についての説明をしています。後半も、同じ光合成の説明です。光合成の2つの働きを並べて述べているので、Ⓐの「また」があてはまります。Ⓑの「だから」とⒸの「したがって」は、前の内容が原因で後ろの結果になるときに使う言葉なので、あてはまりません。

Q2　答え　Ⓑ

（　　）の直前の「**なぜ、このようなことが起きるのでしょうか?**」という文に注目しましょう。（　　）のある文では、「**家族そろってご飯を食べる機会が少ない**」ことが述べられています。そのあとの文には、家族がそろってご飯を食べることで、冒頭の問題が解決される可能性があることが書かれています。このことから、（　　）のある文は、冒頭の「問題」の原因・理由が書かれているとわかるでしょう。よって、あてはまるのはⒷのみとなります。

05 給食にびっくり

Q1　外国から日本の小学校に転校してきた外国人の子どもたちは、学校での生活で驚くことがいくつかあるそうです。その一つが、給食です。自分たちの国では、お弁当やパンを持ってくるか、学校の近くにお店があってそこに行くか、または学校の中に食堂があってそこで食べるかのいずれかが多いそうです。教室でみんなが同じものを食べる給食は、外国から転校してきた子どもにとっては驚きであり、（　　　）、給食を自分たちで運んで、自分たちで分けてから食べるということで、余計にびっくりするのだそうです。

問　上の文章中の（　）にあてはまるものを、すべて選びなさい。

Ⓐ　しかしながら
Ⓑ　しかも
Ⓒ　おまけに

Q2　霧は、水がたくさんの小さな粒となって、空気中に煙のように浮かんでいる状態のことをいう。霧が発生するには、目に見えない水蒸気が空気中にたくさん含まれている必要がある。（　　　）、その空気が冷やされることで、水蒸気が水の粒となり、霧ができるのである。

問　上の文章中の（　）にあてはまるものを、すべて選びなさい。

Ⓐ　しかし
Ⓑ　さらに
Ⓒ　あるいは

2分読んで、答えが決まったら次のページへ

Q1　答え　Ⓑ・Ⓒ

　「外国人の子どもたちが日本の小学校での給食に驚く」というのが、本文の主な内容です。それを受けて、最後の文では、給食の準備の仕方に関する驚きが書き加えられています。前後関係を単につなぐときは、「そして」などを使うのですが、「**余計にびっくりする**」とあるように、やや強調したニュアンスが読み取れます。こうした場合に使えるのは、Ⓑの「しかも」やⒸの「おまけに」です。Ⓐの「しかしながら」は、前と後ろで逆のことを述べるときに使います。

- -

Q2　答え　Ⓑ

　この文章は、霧が発生する条件として何が必要かを説明しています。「**目に見えない水蒸気が空気中にたくさん含まれている**」、そして「**その空気が冷やされる**」ことによって、霧は発生すると書かれています。このような場合には、内容をつけ加える働きをもつⒷの「さらに」が適切です。Ⓐの「しかし」は、Q1の「しかしながら」と同様に、前と後ろで逆のことを述べるときに使います。Ⓒの「あるいは」は、前と後ろのどちらかを選ぶようなことを述べるときに使います。

06 好きな乗り物は？

Q1　遊園地で好きな乗り物といったら何でしょうか。何よりも圧倒的に人気があるのは、ジェットコースターだそうです。スピードとスリルを味わうには、最高の乗り物でしょうね。その（　　　）で、観覧車も人気があるそうです。ゆっくりとした速さで落ち着いて景色を眺めるには、最高の乗り物でしょう。人気を二分する乗り物がまったく違うタイプのものだということは、また別の見方ができそうで興味深いですね。

問　上の文章中の（　　　）にあてはまるものを、すべて選びなさい。

Ⓐ　関係
Ⓑ　前後
Ⓒ　一方

Q2　液体の物質が気体になるとき、つまり蒸発するときには、熱が必要となります。液体は熱を周りから吸収して気体になるのです。その熱のことを、「蒸発熱」または「気化熱」といいます。暑い夏の日に地面に水をまくと涼しくなるのは、この蒸発熱によります。熱せられたアスファルトに水をまくと、水がすぐに蒸発しますが、そのときに、（　　　）のです。

問　上の文章中の（　　　）にあてはまるものを、すべて選びなさい。

Ⓐ　周りの熱を奪う
Ⓑ　周りの熱を吸収する
Ⓒ　周りに熱を与える

2分読んで、答えが決まったら次のページへ

Q1　答え　Ⓒ

　「好きな遊園地の乗り物」について、まずジェットコースターに触れ、それと対比する形で観覧車のことが書かれています。この場合は、Ⓒの「一方」を使うと、文がうまくつながります。2つの乗り物の「関係」は書かれていないので、Ⓐはあてはまりません。また、Ⓑの「前後」では、文脈が通りません。

Q2　答え　Ⓐ・Ⓑ

　本文の前半で、「蒸発熱」または「気化熱」は、「液体が気体になるときに周りから吸収する熱」だということを説明しています。水が蒸発するときに周りの熱を吸収するから、周りは涼しくなるのですね。このことが読み解ければ、Ⓑがあてはまることがわかります。また、ⒶはⒷと同じことをいっているので、Ⓐもあてはまります。Ⓒは反対のことをいっているので、あてはまりません。

07 イルカの中のメロン？

目標時間 2分

Q1 映画のコンクールの優勝者には賞金が与えられる。（　　　）、映画館で上映もされる。

> **問** 上の文章中の（　　　）にあてはまるものを、すべて選びなさい。

Ⓐ そのうえ
Ⓑ そのため
Ⓒ ところで

Q2 イルカの口の上の部分、おでこの部分といえばよいのでしょうか。中には脳があると思うかもしれませんが、実は（　　　　）。「メロン」と呼ばれる脂肪が集まった部分なのです。メロンについては、まだ詳しいことはわかっていませんが、イルカが超音波を用いて物の位置を確認するために使うようです。なお、イルカの脳は、目の近くにあります。

> **問** 上の文章中の（　　　）にあてはまるものを、すべて選びなさい。

Ⓐ あそこには脳があるのです
Ⓑ あそこには脳はありません
Ⓒ あの部分について詳しくわかってきました

２分読んで、答えが決まったら次のページへ

Q1　答え　A

　前の文には、映画のコンクールで優勝すると、賞金、つまりお金がもらえるということが書いてあります。後ろの文には「**映画館で上映もされる**」と書かれています。これは、映画を上映してもらえるという、お金とは別のプレゼントがあるということでしょう。この「別の何か」を追加するときに使えるのは、Ⓐの「そのうえ」です。Ⓑの「そのため」は、前の内容が原因で後ろの結果になるときに使います。Ⓒの「ところで」は、話を変えるときに使います。

Q2　答え　B

　（　　）の直前に、「**〜が、実は**」と書かれていることに注目しましょう。これは「〜」の部分と反対、または違った内容を述べるサインになります。ここでは、「**中には脳があると思うかもしれませんが**」とあるので、これと反対の内容になっているⒷがあてはまります。Ⓐでは、同じ内容のくり返しになりますし、Ⓒでは、「**メロンについては、まだ詳しいことはわかっていません**」という後ろの文とつながらなくなってしまいます。

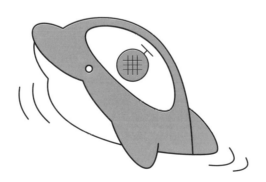

08 忘れのメカニズム

Q1

　エビングハウスという心理学者によると、ヒトは、何かを新しく覚えたとしても、1時間後には約半分を忘れてしまい、さらに1週間後には4分の3も忘れてしまうという。これを聞くとなんだか悲しくなってしまうが、ヒトの脳はもともと忘れるようにできているのだという。忘れることがないとすると、いやな経験まで全部覚えていることになり、それはそれでつらいことだ。

　しかし、勉強のためには、それまでに習ったことを覚えていなければならない。では、（　　　　）。そのためには、くり返して学習することが必要である。そうすることで、記憶が強化され、忘れにくくなるのである。「復習は大事だ」といわれるのは、そういうことなのである。

問　上の文章中の（　　　）にあてはまるものを、すべて選びなさい。

Ⓐ　どうすればよいのか
Ⓑ　その理由は誰に聞けばよいのか
Ⓒ　覚え続けているためには何をすればよいのか

2分読んで、答えが決まったら次のページへ

Q1　答え　Ⓐ・Ⓒ

　選択肢(せんたくし)を見ると、（　　）の部分には、書き手が読み手に問いかける形の言葉が入ることがわかります。どんな問いかけが適切(てきせつ)なのかを考えましょう。ヒントとなるのは、（　　）の後ろにある「**くり返して学習することが必要(ひつよう)である**」の部分です。「学習する」という"行為(こうい)"につながるのは、Ⓐ と Ⓒ の問いかけです。Ⓑ の問いかけでは、あとにくる文が「誰(だれ)」かを答えるような内容(ないよう)になっていなければ、意味がつながりません。

あれ？
何日でどれくらい
忘(わす)れるんだっけ…？

09 貝塚って何をする場所？

Q1
貝塚という遺跡が、日本のあちこちで見つかっている。

Ⓐ そのため、貝以外のさまざまなゴミを捨てる場所だったという説もある。

Ⓑ 貝塚は縄文時代の人々が貝を食べたあとの殻を捨てていた場所、というのが有名な説だ。

Ⓒ さらに3つ目の説として、捨てる場所ではなく、貝の加工工場だったというものもあるそうだ。

Ⓓ だが、ときどき、動物の骨や土器や石器も同じ場所で見つかることがある。

どの説が正しいのかはまだよくわかっていないが、当時の人々が貝を多く消費していたということは間違いないだろう。

問 上のⒶ〜Ⓓを並べ替えて、意味の通る文章にしなさい。

〔　　〕→〔　　　〕→〔　　　〕→〔　　　〕

2分読んで、答えが決まったら次のページへ

Q1 答え B → D → A → C

Q1 答え ⒝ → ⒟ → ⒜ → ⒞

　まずはじめに、貝塚について基本的な説が書かれている文を探します。そうすると、⒝ に「**有名な説**」という語があるので、これが基本的なものだと判断できます。次に ⒞ に注目してみると、「**3つ目の説**」とあることから、この文の前にもう1つの説が紹介されているとわかります。⒜ に「**…という説もある**」とあるので、⒝ と ⒞ の間にもう1つの説として ⒜ を入れます。ここで、⒜ は文のはじめに「**そのため**」があるので、その理由として結びつく前の文を探します。「**貝以外**」の話に触れているのは ⒟ なので、⒜ の前に置きます。整理すると、⒝ の後ろに2つ目の説「⒟ → ⒜」が続き、最後が3つ目の説 ⒞ となります。

正しい順に直した文章

　貝塚という遺跡が、日本のあちこちで見つかっている。〔⒝貝塚は縄文時代の人々が貝を食べたあとの殻を捨てていた場所、というのが有名な説だ。〕〔⒟だが、ときどき、動物の骨や土器や石器も同じ場所で見つかることがある。〕〔⒜そのため、貝以外のさまざまなゴミを捨てる場所だったという説もある。〕〔⒞さらに3つ目の説として、捨てる場所ではなく、貝の加工工場だったというものもあるそうだ。〕どの説が正しいのかはまだよくわかっていないが、当時の人々が貝を多く消費していたということは間違いないだろう。

10 雨の日の気温

目標時間

2分

Q1 　1日の気温の変化は、朝と晩が低い温度で、昼は高い温度になるのが一般的である。

Ⓐ　ただ、それは晴れの日にいえることであって、雨の日にはいえない。

Ⓑ　また、雲によって日光が地表まで届かないことも理由の一つである。

Ⓒ　雨が降るとき、地面に届くまでの間に蒸発してしまう雨粒があるのだが、それが蒸発する際に周りの熱を奪い、気温が下がってしまうのが理由である。

Ⓓ　ただし、冬には雨が降るときに気温が上がることもある。

これは雨雲がふたとなることで、暖かい空気が逃げなくなるためである。

問　上のⒶ〜Ⓓを並べ替えて、意味の通る文章にしなさい。

〔　　〕→〔　　〕→〔　　〕→〔　　〕

2分読んで、答えが決まったら次のページへ

5章　接続読解　133

答え (A) → (C) → (B) → (D)

　最初の文に「**一般的である**」と書かれているので、次には、同じ内容のことが書かれるのか、それとも逆の内容のことが書かれるのかを考えます。(B) には「**また、…も理由の一つ**」とあるので、その前には、何かほかの理由が書かれていることがわかります。(D) は、文のはじめに「**ただし**」という例外や条件を示す言葉があり、逆のことのように見えますが、ここでは「雨」について書かれているので、前の部分で雨について書かれている必要があります。それらを踏まえて考えると、まず、「雨」の説明のきっかけとなる (A) が最初にきます。そして温度が低くなる理由を説明する「(C) → (B)」、そして最後に (D) という順番が正しいものとなります。

正しい順に直した文章

　1日の気温の変化は、朝と晩が低い温度で、昼は高い温度になるのが一般的である。〔(A) ただ、それは晴れの日にいえることであって、雨の日にはいえない。〕〔(C) 雨が降るとき、地面に届くまでの間に蒸発してしまう雨粒があるのだが、それが蒸発する際に周りの熱を奪い、気温が下がってしまうのが理由である。〕〔(B) また、雲によって日光が地表まで届かないことも理由の一つである。〕〔(D) ただし、冬には雨が降るときに気温が上がることもある。〕これは雨雲がふたとなることで、暖かい空気が逃げなくなるためである。

11 音楽を曲げる？

Q1 「曲」という字は「曲線」のように「まがる」「まげる」という意味以外に、「楽曲」のように音楽作品を表すこともあります。

Ⓐ これらもいろいろと変化するものと見たてることができます。

Ⓑ 音楽はたくさんの音を組み合わせて作られ、音が高くなったり低くなったりします。

Ⓒ もともと「曲」という字は、木や竹を左右にまげたものを表すもので、そこから転じて変化があることを表すようになりました。

Ⓓ また、音の高低だけでなく、速くなったり遅くなったりと、スピードも変わります。

それで、音楽作品のことを表すときにも「曲」という字が使われるようになったということです。

問 上のⒶ〜Ⓓを並べ替えて、意味の通る文章にしなさい。

〔　　　〕→〔　　　〕→〔　　　〕→〔　　　〕

2分読んで、答えが決まったら次のページへ

　　まず、音楽の説明の始まりであるⒷを中心に考えます。ほかに音楽について説明しているのはⒹです。Ⓓのはじめにある「**また**」という言葉は、前の文と並べるときに使います。このことから、Ⓑの後ろにⒹがくることがわかります。次に、Ⓐの「**これら**」が、音の高低とスピードを指すことがわかれば、Ⓓの後ろはⒶであることがわかるでしょう。最後にⒸですが、あらためてⒶに注目すると、「**これらもいろいろと変化するもの**」とあります。「も」は前の内容を踏まえたときに使うものです。このことから、事前に「曲」という字についての説明があったことがわかります。「Ⓑ→Ⓓ→Ⓐ」と文がつながっていますから、Ⓒはいちばんはじめに置くことになります。

正しい順に直した文章

　「曲」という字は「曲線」のように「まがる」「まげる」という意味以外に、「楽曲」のように音楽作品を表すこともあります。〔Ⓒもともと「曲」という字は、木や竹を左右にまげたものを表すもので、そこから転じて変化があることを表すようになりました。〕〔Ⓑ音楽はたくさんの音を組み合わせて作られ、音が高くなったり低くなったりします。〕〔Ⓓまた、音の高低だけでなく、速くなったり遅くなったりと、スピードも変わります。〕〔Ⓐこれらもいろいろと変化するものと見たてることができます。〕それで、音楽作品のことを表すときにも「曲」という字が使われるようになったということです。

お客さん、歌うまいね！

おわりに

たくさんの問題を解いてみていかがでしたか？　疲れましたか？
でも、きっと以前よりも「読解力」が身についているはずです。

少し時間を置いて、もう一度初めからやり直してみるのも
読解力を伸ばす一つの方法です。
「繰り返し」は力をつけるためには大事なことだからです。
ゲームが上手になるのも、歌が上手になるのも、「繰り返し」をするからなのです。

ここで、話をちょっと変えます。
私は普段、日本語教師という仕事をしています。
日本語を勉強している外国人に日本語を教える仕事です。

英語に英検®やTOEIC®という試験があるように、日本語を勉強している
外国人が受ける試験に「日本語能力試験」というものがあります。
その試験には、読解の問題があります。
読解の問題には、この本の問題と同じような形式のものが多数含まれています。
文章だけの問題から、図やグラフ、イラストから読み取るものまで多種多様です。

日本語能力試験を受ける外国人の学生たちに私が言っているのは、
「たくさんの問題を、繰り返し解こう」ということです。

この本を読んでいるみなさんにも、同じことを伝えたいです。
「早く上達したい」と思っている人には遠回りのように感じられるかもしれませんが、
「急がば回れ」ということわざがあるように、
面倒だと感じても地道にコツコツ進めていくことは大事なのです。

そしてその先には、
情報を正しく理解し、ほかの人にも正しく伝えられる自分の姿があります。
生きる力が今までよりもアップしている自分の姿があります。
それを信じて、がんばりましょう。

最後になりましたが、本書は多くの方々のご協力があって出版されました。
実際に問題を解いて意見・感想をくださった、
横山晶子さん、大井景湖さん、友松香菜さん、西隈悠登さんに、
感謝の気持ちを表したいと思います。
また、企画・編集をしてくださった学研プラスの宮﨑純さん、中西亮太さんに、
心から感謝申し上げます。

西隈 俊哉

著	西隈 俊哉
装丁＋アートディレクション	寄藤 文平, 垣内 晴（文平銀座）
本文デザイン	株式会社 デジカル
企画・編集	宮﨑 純, 中西 亮太
編集協力	秋下 幸恵
校正	岡崎 祐二, 上村 朋子, 島崎 映子, 平本 智弥
イラスト	ハザマ チヒロ
DTP	株式会社 四国写研
特別協力	小野 優美, 上條 よし子, 志村 星香, 難波 結里葉, 吉川 悠悟

この本は下記のように環境に配慮して製作しました。
・製版フィルムを使用しないCTP方式で印刷しました。
・環境に配慮した紙を使用しています。

2分で読解力ドリル
ちょっとやさしめ